FERRARI
testarossa

FERRARI
testarossa

PAOLO MURANI
STEFANO PASINI
LUIGI ORSINI

Automobilia

Editore/Publisher/Editeur:
Bruno Alfieri
Redazione/Editors/Rédacteurs.
Marianne Lichtenberger,
Bettina Cristiani, Michela Crociani
Produzione/Production/Production:
Gianni Gardel, Moreno Piacentini
Grafica/Design/Projet graphique:
Mario Piazza, Achilli, Piazza e Associati
Traduzioni/Translations/Traductions:
Charles-Marc Laager, Warren McManus
Fotografie/Photographs/Photographies:
Archivio Pininfarina, Archivio Ferrari,
Archivio Orsini, Stefano Pasini

ISBN 88-85058-45-0

Printed and bound in Italy
Stampato a Cremona
nel novembre 1985 dalle
Grafiche Editoriali Padane
Tutti i diritti riservati/All rights
reserved/Tous droits réservés
© Copyright 1985 by Automobilia,
Società per la storia e l'immagine
dell'automobile
Milano, viale Monte Santo, 2

In copertina/Front cover/En couverture:
Ferrari Testarossa

SOMMARIO/CONTENTS/SOMMAIRE

7
LA NUOVA TESTAROSSA
THE NEW TESTAROSSA
LA NOUVELLE TESTAROSSA
Paolo Murani

55
TESTAROSSA: LA PROVA SU STRADA
TESTAROSSA: ON THE ROAD
TESTAROSSA: SUR LA ROUTE
Stefano Pasini

69
L'ALTRA TESTA ROSSA
THE OTHER TESTA ROSSA
L'AUTRE TESTA ROSSA
Luigi Orsini

90
IL REGISTRO DELLA TESTA ROSSA
THE TESTA ROSSA REGISTER
LE REGISTRE DE LA TESTA ROSSA

La nuova Testarossa
di Paolo Murani

Salotto da 300 all'ora. Formula Uno per l'autostrada. Purosangue della scuderia Ferrari. Queste sono alcune delle definizioni che caratterizzano la Testarossa, il modello al vertice della gamma della Casa di Maranello. A nostro parere la Testarossa non si può descrivere con poche, anche se efficaci, parole. Questa berlinetta racchiude infatti nel suo celebre nome la più moderna tecnologia automobilistica e tutto il know-how Ferrari nel settore delle gran turismo d'elite. E una supercar che guarda al 2000 non può essere solo sportiva, e non deve essere solo lussuosa. Chi la acquista vuole le prestazioni e desidera quindi spostarsi velocemente e nel massimo confort con la consapevolezza che se il traffico costringe a lunghe code il motore non sporca le candele e non procede a singhiozzi.
I tecnici di Maranello sono quindi riusciti a fondere sotto l'elegante carrozzeria creata da Pininfarina un insieme di caratteristiche tali da rendere la Testarossa una vera GT degli anni Ottanta, con uno sguardo particolare anche a certe raffinatezze che un tempo erano considerate di scarsa rilevanza. Basti pensare, ad esempio, che è stato realizzato appositamente (ed è disponibile come optional) un kit di sei valige in pelle fatte a mano da un artigiano modenese con forme e dimensioni tali da potere essere sistemate nel vano bagagli anteriore e in quello dietro ai sedili senza sprecare nemmeno un centimetro cubo dei 180 a disposizione. Così i ferraristi, clienti che percorrono per lavoro e per divertimento molte migliaia di chilometri all'anno (gli acquirenti delle auto di Maranello sono automobilisti con un chilometraggio decisamente superiore alla media) hanno una ragione in più per preferire il bolide rosso alla berlina blu di famiglia.
La Testarossa quindi è molto più di una semplice erede della BB, presentata per la prima volta come prototipo al Salone di Torino del 1971, della quale peraltro riprende la cilindrata del motore e la disposizione degli organi meccanici (gruppo motopropulsore longitudinale davanti all'assale posteriore e sospensioni a quattro ruote indipendenti). Innanzitutto porta un nome glorioso, che risale al 1956, quando la 500 TR venne denominata Testa Rossa per via dei carter degli assi a camme verniciati appunto per la prima volta in rosso, il

The new Testarossa
by Paolo Murani

A 300-per-hour living room. Formula One for the highway. Thoroughbred of the Ferrari stables. These are a few of the definitions which characterize the Testarossa, the top-of-the-line model at Maranello. In our opinion the Testarossa cannot be described with a few, even though well-chosen, words. This berlinetta embraces in its famous name, in fact, the most modern automotive technology and all of Ferrari's know-how in the elite grand touring sector. And a supercar projected toward the year 2000 cannot be just sporty and must not be just luxurious. The purchaser wants performance and thus wishes to go from place to place quickly and in the maximum comfort, with the awareness that if traffic forces him to stand in long lines the engine will not foul the sparkplugs and proceed gasping along.
The technical staff at Maranello has thus succeeded in merging under the elegant bodywork signed Pininfarina a series of characteristics which make the Testarossa a true GT of the eighties, with the special touch of certain refinements which were once considered of little importance. A good example is the six-piece luggage set (available as an optional) of handcrafted leather from Modena with shapes and dimensions for fitting into the front luggage compartment and behind the seats without wasting even one of the 180 cubic centimeters available. Thus Ferrari-owners, customers who drive for work and leisure many thousands of kilometers per year (the purchasers of Maranello cars drive considerably more mileage than the average) have another reason for preferring the red racer to the blue family sedan.
The Testarossa is thus much more than just a simple heir to the BB, presented for the first time as a prototype at the 1971 Turin Auto Show, from which it inherited the engine displacement and mechanical layout (engine group mounted longitudinally in front of the rear axle and independent four-wheel suspensions). First of all, it bears a glorious name that dates back to 1956, when the 500 TR was designated Testa Rossa because of the valve-timing group covers painted red for the first time, the colour of the Italian racing teams.
It was a name that brought fortune to Ferrari because with this model with

La nouvelle Testarossa
par Paolo Murani

Un salon à 300 à l'heure. Une Formule Un pour l'autoroute. Le pur-sang de l'écurie Ferrari. Ce sont là quelques-unes des définitions qui s'appliquent à la Testarossa, le modèle de pointe de la gamme de Maranello. A notre avis, la Testarossa ne peut être décrite en quelques mots, même efficaces. Cette berlinette renferme en effet dans son célèbre nom la technologie automobile la plus moderne et tout le savoir-faire Ferrari dans le secteur des Grand Tourisme d'élite. Et un supercar tourné vers l'an 2000 ne peut pas se limiter à être sportif ou luxueux. L'acheteur veut les performances et veut donc pouvoir se déplacer rapidement, avec un maximum de confort et la conviction que si le trafic l'oblige à de longues queues le moteur n'encrassera pas les bougies ou ne l'obligera pas à avancer par à-coups.
Les ingénieurs de Maranello sont donc parvenus à composer, sous l'élegante carrosserie signée Pininfarina, un ensemble de caractéristiques qui font de la Testarossa une véritable GT des années 80, avec une attention particulière pour certains raffinements considérés, un temps, comme peu importants. Il suffit de penser, par exemple, au kit de valises sur mesure disponibles en option: six valises en cuir, réalisées à la main par un artisan de Modène, avec des formes et dimensions telles que pas un seul centimètre cube des 180 à disposition dans le coffre avant et derrière les sièges ne soit gaspillé. Ainsi les ferraristes, qui accumulent des milliers de kilomètres par an pour leur travail ou leur plaisir (et les clients de Maranello sont des automobilistes avec un kilométrage nettement supérieur à la moyenne), ont une raison de plus pour préférer le bolide rouge à la berline bleue de père de famille.
La Testarossa est donc beaucoup plus que la simple héritière de la BB, présentée pour la première fois comme prototype au Salon de Turin 1971; elle en reprend du reste la cylindrée et la disposition des organes mécaniques (groupe moteur longitudinal devant l'essieu arrière et suspensions à quatre roues indépendantes). Elle porte avant tout un nom glorieux, qui remonte à 1956, alors que la 500 TR fut baptisée Testa Rossa à cause de la couleur rouge — celle des écuries de course italiennes — des couvercles des arbres à cames.

Ferrari

colore delle scuderie da corsa italiane.
Fu un nome che portò fortuna alla Ferrari perché con questo modello con motore a quattro cilindri, e con la 250 Testa Rossa con motore a dodici cilindri, la Casa di Maranello vinse tutto ciò che si poteva vincere nella categoria delle vetture sport negli anni a cavallo tra il 1950 e il 1960: 12 Ore di Sebring, 24 Ore di Le Mans, 1000 km di Buenos Aires, tre campionati del mondo Marche e altre corse ancora.
La Testarossa dei giorni nostri ha visto la luce al Salone dell'Automobile di Parigi del 1984, dove ha ricevuto gli sguardi sognanti ed estasiati di un pubblico internazionale. Da quei giorni la domanda di questo modello è andata continuamente crescendo, e i programmi produttivi (circa trecento vetture all'anno) non riescono a soddisfare la richiesta proveniente anche dagli Stati Uniti dove gli appassionati del cavallino rampante sono numerosi e molto ben disposti a spendere diverse decine di migliaia di dollari per entrarne in possesso, pur sapendo che

4-cylinder engine, and with the 250 Testa Rossa with 12-cylinder engine, the Maranello house won everything there was to be won in the sports-car category between 1950 and 1960: the 12 Hours of Sebring, the 24 Hours of Le Mans, the 1000 Kilometers of Buenos Aires, three world manufacturers' championships and other races besides.
The Testarossa of our time was unveiled at the 1984 Paris Auto Show, where it received the dreamy, ecstatic looks of an international public. Since then the demand for this model has continually increased, and production programs (about 300 cars per year) are unable to satisfy the requests coming from the United States, where the fans of the prancing horse are numerous and well-disposed to spend several tens of thousands of dollars to possess one, even though they know that on their roads they can never exceed 55 miles per hour (about 90 kph), a humiliating speed for a car designed to reach 290 kph).
This sales success was determined primarily

Ce nom porta bonheur à Ferrari car avec ce modèle équipé d'un moteur 4 cylindres et avec la 250 Testa Rossa 12 cylindres le constructeur de Maranello a remporté tout ce que l'on pouvait remporter dans la catégorie sport dans les années comprises entre 1950 et 1960: 12 Heures de Sebring, 24 Heures du Mans, Mille Kilomètres de Buenos Aires, trois championnats du monde Marques et bien d'autres courses encore.
La Testarossa de notre époque a fait sa prèmiere apparition au Salon de Paris en 1984, saluée par les regards rêveurs et extasiés d'un public international. Dès lors, la demande de ce modèle n'a fait que croître et les programmes de production (environ 300 unités par an) ne parviennent pas à satisfaire la demande; pas même la demande américaine, où les aficionados du cheval rampant sont nombreux et prêts à débourser plusieurs dizaines de milliers de dollars pour s'en approprier. Tout en sachant qu'ils ne pourront jamais dépasser sur leur réseau routier 55 miles à l'heure (environ 90 km/h):

Primi figurini della Pininfarina per la Testarossa.

Pininfarina's first renderings of the Testarossa.

Les premiers modèles de Pininfarina pour la Testarossa.

sulle loro strade non potranno mai superare le 55 miglia all'ora (circa 90 km/h, una velocità umiliante per un'auto progettata per raggiungere i 290 km/h).
Il successo delle vendite è stato determinato soprattutto dalla linea, molto aggressiva e nel consueto stile Ferrari-Pininfarina: frontale basso e spiovente, coda tronca, fari a scomparsa. Rispetto alla BB, alla quale è impossibile non fare riferimento, la novità tecnica che ha determinato maggiormente l'andamento della forma e l'impostazione generale della carrozzeria è stato lo spostamento dei radiatori di raffreddamento del motore dalla parte anteriore a quella posteriore-centrale. Questa interessante soluzione, derivata direttamente dalle vetture di Formula Uno, consente di ottenere numerosi vantaggi, tra cui l'eliminazione di tutti i condotti d'acqua dall'abitacolo, il miglioramento della capacità di carico del bagagliaio anteriore e una aerodinamica più favorevole. A questo proposito ricordiamo che il coefficiente di deportanza (CZ) è pari

by its highly-aggressive lines, in the usual Ferrari-Pininfarina style: low, sloping front end, clipped tail, fold-away headlights. Compared to the BB, which it is impossible not to refer to, the technical innovation which most greatly influenced the shape and general layout of the bodywork was the shift of the engine cooling radiators from the front to the center rear. This interesting solution, derived directly from the Formula One cars, offers numerous advantages, including the elimination of all water piping from the cockpit, the increased cargo capacity of the front luggage compartment and more favorable aerodynamics. In this regard we would recall that the negative-lift coefficient (CZ) is equal to 0.01 at the front and 0.1 in the rear, while the aerodynamic coefficient (CX) is equal to 0.36. The front air intake is therefore fake and serves just for cooling the disk brakes.
The body is of aluminum (doors and roof are steel, however, for obvious passive safety reasons) and is produced in the Pininfarina

une vitesse humiliante pour une automobile projetée pour atteindre 290 km/h.
Le succès des ventes est dû en premier lieu à la silhouette très agressive et bien dans le style Ferrari-Pininfarina: museau bas et ramassé, arrière tronqué, feux escamotables. Par rapport à la BB — impossible d'échapper à la référence — la nouveauté technique qui a le plus influencé la forme de la Testarossa et le projet général de la carrosserie a été le déplacement des radiateurs de refroidissement des moteurs de l'avant à l'arrière, au centre. Cette solution intéressante, et dérivée directement de la Formule Un, apporte nombre d'avantages: entre autres la suppression de tous les conduits d'eau dans l'habitacle, l'amélioration de la contenance du coffre à bagages à l'avant et une meilleure aérodynamique. A ce propos, rappelons que le coefficient de déportance (CZ) est de 0,01 sur le train avant et de 0,1 sur le train arrière, tandis que le coefficient aérodynamique (CX) est de 0,36. La prise

Un altro figurino Pininfarina. Ancora non compare il caratteristico "graffio" laterale.

Another Pininfarina rendering. The characteristic side "scratch-mark" has not yet appeared.

Un autre modèle de Pininfarina. Le caractéristique "coup de griffe" latéral n'a pas encore été dessiné.

a 0,01 all'avantreno e 0,1 al retrotreno, mentre il coefficiente aerodinamico (CX) è pari a 0,36. La presa d'aria anteriore è quindi finta, e serve unicamente per il raffreddamento dei freni a disco.
La scocca è in alluminio (portiere e padiglione sono però in acciaio per ovvi motivi di sicurezza passiva) e viene prodotta negli stabilimenti Pininfarina, il cui centro stile è anche responsabile della linea. Tra i particolari più interessanti e più caratteristici del design della carrozzeria segnaliamo i cinque rilievi per convogliare l'aria ai radiatori e consentire il ricambio dell'aria nell'abitacolo (esasperazione stilistica degli "inviti" per le prese d'aria sulle fiancate della Mondial) che partono dalle portiere e che costituiscono il particolare più originale e coinvolgente della linea. Grazie a questi convogliatori la Testarossa è immediatamente riconoscibile e si presenta completamente diversa da qualsiasi altra gran turismo.
Anche lo specchietto esterno è degno di nota per la sua forma insolita: è infatti piuttosto distante dal finestrino in quanto la coda è molto più larga dell'abitacolo. Ne consegue che se il retrovisore fosse stato disposto in modo tradizionale il guidatore avrebbe avuto una scarsa visibilità posteriore. Per limitare al minimo la resistenza aerodinamica il suo supporto, studiato anch'esso nella galleria del vento, ha un ampio passaggio per l'aria.
Posteriormente la forma dei gruppi ottici è lineare e interrompe la tradizione della doppia fanaleria circolare, presente ancora su tutto il resto della gamma.
Uno sguardo quindi alle dimensioni: la lunghezza è di m 4,485, la larghezza di m 1,976 e l'altezza di m 1,130, il passo è di m 2,250. La carreggiata anteriore è decisamente più stretta di quella posteriore, m 1,518 la prima e m 1,660 la seconda: quest'ultima caratteristica fornisce alla Testarossa un aspetto più simile a un'auto da corsa che a una berlinetta stradale.
L'abitacolo è in completa armonia con l'esterno e si presenta particolarmente lussuoso e curato anche nei minimi dettagli. Aprendo la portiera si ha immediatamente una sensazione di grande confort e di grande classe. I sedili sono in pelle Connolly, basculabili e con schienale e regolazione micrometrica, il volante a tre razze è regolabile in altezza ed è anch'esso rivestito in pelle, come del resto il cruscotto.
L'equipaggiamento è ovviamente completo: condizionatore d'aria a regolazione automatica della temperatura, impianto radio-mangianastri nascosto sotto un coperchietto apribile (soluzione che però ricorda un po' troppo l'A112 o la Regata), appoggiatesta e cinture di sicurezza inerziali.
Strumentazione adeguata con tachimetro fino a 320 km/h (sulla BB arrivava "solo" a 300 km/h) ma con disposizione un po'

plant, which is also responsible for the lines. Among the most interesting and characteristic details of the body design are the five ridges for sending air to the radiators and permit ventilation in the cockpit (stylistic extrapolation of the air intake feeds on the side panel of the Mondial) which begin at the doors and represent the most original and involving detail of the bodyline. Thanks to these conveyors, the Testarossa is immediately recognizable and completely different from any other grand touring car.
The outside rearview mirror is also worthy of note because of its unusual shape: it is rather far from the window, in fact, because the rear end is much wider than the cockpit. As a result, the driver would have had little rear visibility if it had been applied in the traditional way. To minimize aerodynamic resistance the support, also studied in the wind tunnel, has an ample air passage.
In the rear, the shape of the lighting groups is linear and breaks the tradition of the double circular lights, still present on all the rest of the range.
A glance at the dimensions: length 4.485 m, width 1.976 m, height 1.130 m, wheelbase 2.250 m. The front track is much narrower than the rear, 1.518 m the former and 1.660 the latter: this last feature gives the Testarossa an appearance much more similar to a race car than to a road coupé. The cockpit is in complete harmony with the exterior and is particularly luxurious and well-crafted in the minimum detail. Upon opening the door it gives the immediate impression of great comfort and great class. The seats are upholstered in Connolly leather, fold-down with micro-adjustable seatback, the three-spoke steering wheel is adjustable in height and also leather-covered, as is the dashboard.
The standard equipment is obviously complete: air-conditioner with automatic temperature regulation, radio-tapedeck system concealed by a cover hatch (which brings too much to mind the A112 or Regata, however), headrests and inertial seatbelts.
The instrumentation is adequate with speedometer up to 320 kph (it "only" reaches 300 on the BB) with an unusual arrangement. The main panel in front of the driver, in fact, houses only the information regarding engine conditions (rpm, oil pressure, water temperature) in addition to the speedometer and a series of warning lights. A closer look reveals the absence of the odometer (total and partial), the fuel level indicator and the oil thermometer. They must be sought on the central console, along with the digital clock with chronometer. Nor is there a trace of electronic gadgetry, so in fashion on many cars. Ferrari obviously believes, as we do,

d'air avant est donc un simulacre qui sert uniquement à refroidir les freins à disque. La caisse est en aluminium — sauf les portes et le pavillon qui sont en acier pour d'évidentes raisons de sécurité passive — et sa production est assurée par les usines Pininfarina dont le centre style a signé la ligne. De tous les détails intéressants et caractéristiques du design de la carrosserie, signalons les cinq rainures d'envoi de l'air aux radiateurs et assurant le rechange d'air dans l'habitacle; cette exaspération stylistique des ouïes d'air sur les flancs de la Mondial part ici des portières et constitue le détail le plus original et typé de la silhouette. Ces convoyeurs d'air griffent sans ambiguïté la Testarossa et la différencient de toutes les autres Grand Tourisme.
Même le rétroviseur extérieur se fait remarquer de par sa forme insolite: il est de fait assez éloigné du pavillon car la queue est nettement plus large que l'habitacle. S'il avait été positionné de façon traditionnelle, le conducteur aurait eu une mauvaise visibilité postérieure. Pour réduire au maximum la résistance aérodynamique, son support — mis au point lui aussi en soufflerie — a une large fenêtre pour laisser passer l'air.
A l'arrière, la forme des groupes optiques est linéaire; elle interrompt la tradition des doubles feux circulaires qui caractérise encore tous les modèles de la gamme Ferrari.
Un coup d'oeil aux dimensions: la longueur est de 4,485 m, la largeur de 1,976 et la hauteur de 1,130 m; l'empattement est de 2,250 m. Le voie avant est nettement plus étroite que la voie arrière: 1,518 m pour la première contre 1,660 m pour la deuxième. Grâce à cette caractéristique la Testarossa ressemble davantage à une voiture de course qu'à une berlinette "stradale". L'habitacle s'harmonise parfaitement avec l'extérieur, il est particulièrement luxueux et soigné dans les moindres détails. En ouvrant la portière on a immédiatement la sensation d'un maximum de confort et de classe: sièges en cuir Connolly, basculables, à dossier à réglage micrométrique, volant à trois branches réglable en hauteur, revêtu de cuir tout comme le tableau de bord. Il va sans dire que l'équipement est complet: climatisation à régulation automatique de la température, radio-K7 cachée par un panneau ouvrant (solution qui, hélas, rappelle d'un peu trop près l'A 112 ou la Regata), appuis-tête et ceintures de sécurité inertielles.
L'instrumentation est harmonieuse avec son compteur plafonnant à 320 km/h (alors que sur la BB il atteignait "seulement" 300 km/h) mais la disposition est plutôt insolite. La planche principale, face au pilote, ne fournit en effet que les informations

insolita. Nel quadro principale davanti al pliota si trovano infatti solo le informazioni che riguardano le condizioni del motore (numero dei giri, pressione dell'olio e temperatura dell'acqua) oltre naturalmente al tachimetro e ad una serie di spie. A uno sguardo più attento ci si accorge che non ci sono il contachilometri (totale e parziale), l'indicatore del livello carburante e il termometro dell'olio. Bisogna cercarli nella console centrale dove si trova anche l'orologio digitale con cronometro. Non c'è inoltre traccia di gadgets elettronici, così di moda su molte vetture. La Ferrari evidentemente ritiene, secondo noi giustamente, che su un auto di questo genere stonano computer di bordo, indicatori a led, rilevatori di medie di velocità e, soprattutto, rilevatori di consumo carburante. A questo proposito pubblichiamo i dati ufficiali comunicati dalla Casa costruttrice: la Testarossa "beve" 9,9 litri/100 km a 90 km/h, 11,8 litri/100 km a 120 km/h, 23,7 litri/100 km nel ciclo urbano,

that an on-board computer, led indicators, average speed monitors and, especially, a fuel consumption monitor would be out of place on a car like this. In this regard we shall give you the official data communicated by the manufacturer: the Testarossa "drinks" 9.9 liters/100 km at 90 kph, 11.8 liters/100 km at 120 kph, 23.7 liters/100 km in city traffic, with a saving of around 9% at constant speed over the BB 512i. The Testarossa is a sports car that has appeal, immediate appeal, and does not require getting slowly used to, as do certain models before their lines become familiar and thus appreciated. Once again the Ferrari-Pininfarina team has proven to be a winner, confirming that Italian industry is more than ever at the international acme also and especially in the difficult sector of exclusive supercars.
Ferrari thus continues to exert incredible charm, certainly assisted by its racing successes, but due also to the class and beauty of its GT's, cars which have always

concernant le moteur (nombre de tours, pression de l'huile, température de l'eau) avec, bien sûr, le compteur de vitesse et toute une série de voyants. Mais on cherche en vain le compteur kilométrique (total et partiel), l'indicateur de niveau d'essence et de température de l'huile. On les trouvera sur la console centrale ainsi que la montre à affichage numérique avec chronomètre. Il n'y a en outre aucune trace de gadgets électroniques, très mode sur bon nombre de voitures. Ferrari considère, avec raison à notre avis, que sur une telle automobile l'ordinateur de bord, les indicateurs à cristaux liquides et autres indicateurs de moyenne horaire et, surtout, de consommation d'essence, ne sont pas de mise. Voici à ce propos les chiffres officiels communiqués par le constructeur: la Testarossa "boit" 9,9 l./100 km à une vitesse de 90 km/h, 11,8 l./100 km à 120 km/h, 23,7 l./100 km en cycle urbain, avec une économie de l'ordre de 9% à vitesse stabilisée, par rapport à la BB 512i.

Studi ulteriori, dalle forme molto arrotondate.

Further studies with well-rounded forms.

Des autres études aux formes très arrondies.

con un risparmio intorno al 9% a velocità costante nei confronti della BB 512i. La Testarossa è una sportiva che piace, piace subito, senza la assuefazione visiva che richiedono certi modelli prima che la loro linea diventi familiare e quindi gradita. Ancora una volta dunque l'accoppiata Ferrari-Pininfarina si è dimostrata vincente, confermando che l'industria italiana è più che mai ai vertici internazionali anche e soprattutto nel difficile settore delle supercars esclusive.
La Ferrari continua così ad esercitare un fascino incredibile, coadiuvato certo dai suoi successi sportivi, ma dovuto anche alla classe e alla bellezza delle sue gran turismo, automobili che da sempre, quando passano, la gente si volta a guardare.
Se però la forma della carrozzeria è opera di uno stabilimento esterno alla Ferrari, l'impostazione meccanica e la costruzione del motore sono logicamente "made in Maranello". Il pezzo forte della Testarossa è ovviamente il motore, frutto della più

turned people's heads when they pass. Though the bodywork and styling are done outside Ferrari, the mechanical layout and engine construction are logically "made in Maranello". The strong point of the Testarossa is naturally its engine, the result of the most advanced technology and, at the same time, precursor of the most classic Ferrari engine, the 12-cylinder, here in the horizontally-opposed or boxer version.
Compared to the engine which powered the BB, also derived from Formula One, it was completely redesigned and retains only its displacement of 4942 cc. It is completely of light-alloy, including pistons and cylinder liners, and weighs around 20 kg less than its predecessor. The power is exciting: 390 HP (78.9 HP/liter) at 6300 rpm, also obtained through the sophisticated arrangement of four valves per cylinder, with steel intake valves and Nimonic exhaust valves. There are therefore 48 valves on this plant which have made it possible to obtain high volumetric output and at the same time

La Testarossa est une sportive qui plaît. On l'accepte d'emblée sans que l'oeil ait à se familiariser avec sa silhouette comme c'est le cas pour d'autres modèles. Le couplé Ferrari-Pininfarina est donc de nouveau gagnant. Il confirme que l'industrie italienne est plus que jamais au premier rang dans le monde, même et surtout dans le difficile secteur des supercars exclusives.
Ferrari continue ainsi d'exercer une fascination incroyable. Ses succès sportifs y sont pour beaucoup, certes, mais aussi la classe et la beauté de ses GT, des automobiles pour lesquelles les gens continuent à se retourner.
Même si la carrosserie est produite par une usine autre que Ferrari, mécanique et moteur sont, cela va de soi, "made in Maranello". Le morceau de bravoure de la Testarossa est évidemment le moteur, fruit d'une technologie de pointe; l'héritier dynastique des moteurs Ferrari les plus classiques est ici un 12 cylindres en version boxer. Comparé au moteur qui équipait la

Studi di dettaglio per la Testarossa, ormai nella sua forma quasi definitiva.

Detail studies for the Testarossa, almost in its final form.

Etudes de détail pour la Testarossa, désormais dans sa forme presque définitive.

avanzata tecnologia e allo stesso tempo prosecutore della dinastia del più classico dei motori Ferrari, il dodici cilindri, qui in versione boxer. Rispetto al motore che equipaggiava la BB, derivato a sua volta dalla Formula Uno, è stato completamente riprogettato e ne mantiene solo la cilindrata di 4942 cc. È completamente in lega leggera, compresi pistoni e canne dei cilindri, e pesa una ventina di chili in meno nei confronti di quello precedente. La potenza è entusiasmante: 390 CV (78,9 CV/litro) a 6300 giri/minuto, ottenuti grazie anche alla sofisticata soluzione di adottare quattro valvole per cilindro, quelle di aspirazione in acciaio e quelle di scarico in Nimonic. Su questo propulsore ci sono dunque ben 48 valvole che hanno permesso di ottenere un elevato rendimento volumetrico e allo stesso tempo maggiore coppia motrice (50 mkg a 4500 giri/min contro 46 mkg a 4200 giri/min della

greater torque (50 mkg at 4500 rpm, against 46 mkg at 4200 rpm on the BB 512i), also minimizing emission gases and thus helping it pass the strict U.S. anti-pollution standards.
There are four mufflers on the European version, two main ones and two smaller ones, all of stainless steel with long warranty. The U.S. version is equipped with catalytic converters which, according to the Ferrari North America people, do not penalize performance.
The valve-timing system had four overhead camshafts driven by Goodyear Supertorque PD toothed belts, with semi-automatic stretcher. Fuel feed is by Bosch K Jetronic electronic indirect injection; the ignition, also electronic, is Marelli type Microplex, which provides the correct advance in any driving condition. The crankshaft rests on seven main bearings, the lubrication is dry-sump composed of a system with two

BB— dérivé à son tour de la Formule Un — il a été entièrement redessiné et n'en garde que les 4942 cc de cylindrée. Tout en alliage léger (pistons et fûts de cylindres compris), il pèse une vingtaine de kilos de moins que le précédent. Sa puissance est enthousiasmante; il développe 390 ch (78,9 ch/l.) à 6300 tr/mn, grâce aussi à une solution sophistiquée: l'adoption de quatre soupapes par cylindre, celle d'admission étant en acier et celle d'échappement en Nimonic. Les 48 soupapes de ce propulseur lui assurent un rapport volumétrique et un couple moteur supérieur (50 mkg à 4500 tr/mn contre 46 mkg à 4200 tr/mn pour la BB 512i) tout en réduisant au minimum l'émission de gaz d'échappement et en s'adaptant ainsi aux sévères réglementations américaines en matière de dépollution. La version européenne est équipée de quatre pots d'échappement, deux principaux et deux secondaires, tous en acier inox

Il modello in epowood (pressoché definitivo) della Testarossa fotografato alla Pininfarina. Mancano diversi particolari.

The epowood model (almost final) of the Testarossa photographed at Pininfarina. Several details are missing.

La maquette à peu près définitive en epowood de la Testarossa photographiée chez Pininfarina. Plusieurs détails manquent encore.

La Testarossa nella sua forma definitiva.

The Testarossa in its final form.

La Testarossa sous sa forme définitive.

BB 512i) contenendo allo stesso tempo al minimo le emissioni dei gas di scarico e facilitando quindi il superamento delle severe norme USA antinquinamento. Le marmitte, per la versione Europa, sono quattro, due principali e due più piccole, tutte in acciaio inossidabile, a garanzia di una durata elevata. La versione per gli Stati Uniti è invece dotata di catalizzatori che, a detta dei responsabili della Ferrari North America, non penalizzano le prestazioni. La distribuzione è a quattro alberi a camme in testa mossi da cinghie dentate Goodyear Supertorque PD che dispongono di un tenditore semiautomatico. L'alimentazione è a iniezione indiretta elettronica Bosch K Jetronic, l'accensione è anch'essa elettronica Marelli tipo Microplex, che consente di ottenere un anticipo corretto nelle più svariate condizioni d'uso. L'albero motore poggia su sette supporti, la lubrificazione è a carter secco costituita da un impianto dotato di due pompe di recupero, una di mandata e radiatore con ventilatore a innesto automatico. Il raffreddamento è ad acqua a circolazione forzata con due radiatori e ventilatori a innesto termostatico.

recovery pumps and one delivery pump and an oil cooler with automatic fan. The cooling system uses forced water circulation with two radiators and thermostatic fans. The drivetrain scheme is the same as the BB's: 5-speed synchronized gearbox, in the Ferrari tradition, with selectors for sportier shifting. Dual-plate hydraulic clutch designed on the basis of Formula One experience to offer the maximum output even when hot and under intensive use. ZF differential with 40% self-blocking to assure traction even in tight curves and on wet road surface.
The Testarossa's frame is adequately dimensioned for the performance and power put out by the engine. It is composed of struts and steel-tube latticework supporting body and mechanical groups.
The engine rests on a supplemental frame removable for easy extraction in the event of repairs. The anti-rust protection is also excellent in accordance with the most modern technology in this field.
The comfort of the Testarossa is assured by independent four-wheel suspensions with transverse quadrilaterals and tubular-steel arms, with coil springs and telescoping

garantissant une longue durée. La version destinée aux USA est équipée de catalyseurs qui, aux dires des responsables de Ferrari North America, ne mortifient pas les performances.
La distribution est à quatre arbres à cames en tête entraînés par des courroies crantées Goodyear Supertorque PD qui disposent d'un tendeur semi-automatique.
L'alimentation Bosch K-Jetronic est à injection indirecte électronique, l'allumage Marelli-Microplex, électronique également, garantit une avance correcte dans n'importe quelles conditions d'utilisation. Le vilebrequin repose sur sept paliers, la lubrification par carter sec comprend deux pompes de reprise, une de refoulement et un radiateur avec ventilateur à commande automatique. Le refroidissement est à circulation forcée d'eau, avec deux radiateurs et deux ventilateurs à commande thermostatique. La transmission est la même que celle de la BB: boîte à cinq rapports synchronisés, levier de commande dans la tradition Ferrari, c'est-à-dire avec grille pour une conduite sportive. Embrayage bidisque à commande hydraulique, projeté à

Lo schema di trasmissione è invariato rispetto alla BB: il cambio è a cinque rapporti sincronizzati con leva di comando secondo la tradizione Ferrari, cioè con selettori per un innesto più sportivo. Frizione a doppio disco a comando idraulico progettata sulla base dell'esperienza della Formula Uno per offrire il massimo rendimento anche a caldo e nell'uso più intenso. Differenziale tipo ZF autobloccante al 40% per garantire l'aderenza anche nelle curve strette o con fondo stradale bagnato.
Il telaio della Testarossa è adeguatamente dimensionato alle prestazioni e alla potenza erogata dal motore. È costituito da longheroni e tralicci in tubi di acciaio e sostiene carrozzeria e gruppi meccanici.
Il motore appoggia su un telaietto supplementare smontabile per facilitarne l'estrazione in caso di riparazioni. Accurata anche la protezione contro la corrosione secondo le più moderne tecnologie in questo campo.
Il confort della Testarossa è assicurato da sospensioni a quattro ruote indipendenti, con quadrilateri trasversali e bracci tubolari in acciaio. Le molle sono elicoidali e gli hydraulic shock-absorbers. Stabilizer bars front and back. The suspensions are obviously not as soft as in a French sedan and always maintain a certain stiffness, indispensable on a car like this in which the racing characteristics prevail over the touring. The progress in this sense over the BB has been considerable.
The brakes are self-vented disks front and back, the system completed by a power assist to lessen pedal effort. The circuit is doubled to guarantee braking even in the event of breakage of a tube carrying fluid to the wheel cylinders (four for each caliper); the handbrake acts on the rear wheels.
The tires for the Testarossa are Goodyears for the U.S. version (225/50 VR 16 front and 280/45 VR 415 rear) or Michelin TRX (240/45 VR front and 280/45 VR 415 rear) with special wheels, still star-shaped, for this type of tire. The spare tire, or tirette, is of reduced diameter just for emergency use. Rack-and-pinion steering: 3.75 turns lock-to-lock. Highly precise, of course, but thanks to the good demultiplication the effort when manoeuvring or at low speed is never excessive.

partir de l'expérience acquise en Formule Un pour offrir le meilleur rendement même à chaud et dans les conditions d'utilisation les plus sévères. Différentiel type ZF autobloquant à 40% pour garantir l'adhérence même dans les virages en épingle ou sur fond glissant.
Le châssis de la Testarossa est à la hauteur des performances et de la puissance délivrée par le moteur. Il est constitué par des longerons et un treillis de tubes d'acier qui supporte la carrosserie et la mécanique.
Le moteur repose dans son propre châssis-berceau déposable pour en faciliter l'extraction en cas de réparations. La protection anti-corrosion fait appel à la technologie la plus moderne qui soit dans ce domaine.
Le confort de la Testarossa est assuré par des suspensions à quatre roues indépendantes, avec quadrilatères transversaux à bras tubulaires en acier, ressorts hélicoïdaux avec amortisseurs hydrauliques et télescopiques. Barres stabilisatrices à l'avant et à l'arrière. Naturellement, les suspensions ne sont pas tendres — la Testarossa n'est pas une

ammortizzatori telescopici idraulici. Barre stabilizzatrici all'avantreno e al retrotreno. Ovviamente le sospensioni non sono soffici come in una berlina francese, e mantengono sempre una certa rigidità, indispensabile del resto su una vettura come questa, in cui le caratteristiche sportive prevalgono su quelle turistiche. Il passo avanti rispetto alla BB è stato comunque davvero notevole in questo senso.
I freni sono a disco ventilato sia anteriormente che posteriormente, l'impianto è completato da un servofreno per ridurre lo sforzo al pedale. Il circuito è invece sdoppiato per garantire la frenata anche in caso di rottura di una delle tubazioni che portano il liquido ai cilindretti

A 12-volt electrical system, 110 A AC Delco alternator, 66 Ah high-capacity battery. With this advanced technological background, the Testarossa is therefore able to offer endless excitement on the road to the few who can afford to purchase it and the privileged few who have had, or will have, the pleasure of test-driving it, even for a few kilometers. And excitement today, automotively speaking, is not easy to find. The current level of traffic concentration no longer permits driving fast and loose. With the Testarossa, however, you are sure to rediscover the highest levels of driving pleasure. Every mountain curve, every time you overtake, every stretch of open highway become an occasion to let out the horses.

berline française — elles conservent toujours une certaine dureté, indispensable, du reste, sur une voiture dont les caractéristiques sportives l'emportent sur les qualités touristiques. Toutefois les progrès accomplis dans ce sens par rapport à la BB sont vraiment remarquables. Les freins sont à disques ventilés aussi bien à l'avant qu'à l'arrière et sont assistés pour réduire l'effort sur la pédale. Un double circuit garantit le freinage même en cas de rupture d'un des deux conduits qui amènent le liquide aux pistons (il y en a quatre par étrier); le frein à main agit sur les roues arrière.
La Testarossa chausse des pneumatiques Goodyear (225/50 VR 16 à l'avant et 280/45 VR 415 à l'arrière) sur la version destinée

Il frontale a scomparti dei fari chiusi e aperti.

The front end with headlamp wells closed and open.

Le museau avec les feux escamotés et ouverts.

(quattro per ogni pinza), il freno a mano agisce sulle ruote posteriori.
I pneumatici previsti per la Testarossa sono Goodyear per la versione USA (225/50 VR 16 all'avantreno e 280/45 VR 415 al retrotreno) oppure Michelin TRX (240/45 VR davanti e 280/45 VR 415 dietro) con cerchi speciali, sempre a stella, per questo tipo di gommatura.
La ruota di scorta, o meglio, il ruotino, è a sezione ridotta per l'uso in caso di emergenza. Sterzo a cremagliera; per la sterzata completa occorrono tre giri e tre quarti. Elevata logicamente la precisione, ma grazie alla buona demoltiplicazione lo sforzo in manovra o a bassa velocità non è mai eccessivo.

Not just for the fun of going fast but also for travelling in total safety, knowing that you need only floor the accelerator to get out of dangerous situations immediately.
To get an idea of the raciness of the Testarossa, let the numbers speak for themselves: top speed 290 kph; 0-100 in only 5.8 seconds; the standing 400 meters in 13.6 seconds; the kilometer in 24.1 seconds, with an exit speed of 232 kph. The maximum speeds in the various gears are almost incredible: 80.6 kph in first, 125.7 kph in second, 165.9 kph in third, 216.2 kph in fourth, 289 kph in fifth.
These times are always better than those of the BB, on which the Testarossa gains a full second in the kilometer, for example. Let us

aux USA ou bien des Michelin TRX (240/45 VR à l'avant et 280/45 VR 415 à l'arrière) avec jantes, toujours en étoile, spécialement adaptées à ce type de pneus. La roue de secours, ou mieux ce qui sert de roue de secours, a un sectionnement réduit.
Direction à crémaillère avec trois tours et demi de volant d'une butée à l'autre. La précision est, naturellement, grande mais grâce à une bonne démultiplication l'effort pendant les manoeuvres ou à bas régime n'est jamais excessif.
L'équipement électrique comprend une batterie 12 volts/66 Ah hautes performances, un alternateur Ac Delco de 110 A.
Fruit de la plus haute technologie, sur route

Lo specchietto retrovisore è posto sul montante portiera lato pilota. Muovendo una levetta si regola l'orientamento.

The swivelling rear mirror is fitted to the driver's side windscreen pillar. It is electrically adjustable by moving a lever.

Le rétroviseur extérieur est placé sur le montant côté conducteur. En deplaçant un levier, le rétroviseur se régle éléctriquement.

La presa d'aria principale è... finta per tradizione stilistica, solo agli estremi ha i convogliatori per raffreddare i freni.

The main air intake is... fake by stylistic tradition and only at the ends has ducts for cooling the brakes.

La prise d'air principale est en réalité un... artifice pour respecter la tradition stylistique; les convoyeurs d'air de refroidissement des freins n'en occupent que les extrémités.

La sostituzione di una ruota avviene come in ogni altra automobile. L'unica differenza è data dal tipo di fissaggio del cerchione al mozzo, che nel caso della Testarossa è assicurato da un grande dado ottagonale unico che richiede una chiave apposita, contrassegnata in figura con la lettera (A).

Tires are changed the same say as on all other cars. The only difference is the manner in which the wheel is secured to the hub: in the Testarossa it is held on by a single large octagonal nut requiring a special wrench, indicated in the figure by the letter (A).

Le remplacement d'une roue se fait comme pour toutes les autres automobiles. La seule différence est donnée par le type de fixation de la jante au moyeu: dans le cas de la Testarossa, elle est assurée par un seul gros écrou hexagonal qui exige une clé spéciale (A dans la figure).

La maestria dei progettisti della Pininfarina si riconosce subito dall'esame di alcuni particolari della vettura.

The skill of the Pininfarina designers is immediately evident from an examination of a few details of the car.

La maestria des ingénieurs de Pininfarina se révèle d'emblée en examinant quelques détails de la voiture.

Impianto elettrico a 12 volt, alternatore AC Delco da 110 A, batteria a elevata capacità di 66 Ah.
Sulla base di queste premesse di tecnologia avanzata la Testarossa è quindi in grado di offrire su strada emozioni a non finire ai pochissimi che la possono acquistare e ai pochi fortunati che hanno avuto o avranno il piacere di provarla, anche per pochi chilometri. E oggi le emozioni, automobilisticamente parlando, sono pochine. Il traffico attuale con l'elevata densità della circolazione non consente più una guida sciolta e veloce. Con la Testarossa però siamo sicuri che sia possibile ritrovare ai massimi livelli il piacere della guida. Ogni curva di montagna, ogni sorpasso, ogni tratto di autostrada libero diventa una occasione per fare sfoggio di cavalli. Non solo per il gusto di correre, ma anche per effettuare viaggi in tutta sicurezza, sapendo che basta affondare il piede sull'acceleratore per togliersi immediatamente da situazioni di pericolo.
Per dare un'idea delle capacità corsaiole della Testarossa facciamo parlare i numeri. La velocità massima è di 290 km/h; per passare da 0 a 100 km/h occorrono solo 5,8 secondi. I 400 metri, sempre con partenza da fermo, vengono percorsi in 13,6 secondi, il chilometro in 24,1 secondi, con una velocità di uscita elevatissima: 232 km/h. Nelle varie marce le velocità raggiungibili sono quasi incredibili: in prima 80,6 km/h, in seconda 125,7 km/h, in terza 165,9 km/h, in quarta 216,2 km/h, in quinta 289 km/h. Sono tempi sempre superiori a quelli della BB, sulla quale la Testarossa guadagna, ad esempio, un secondo netto al chilometro.
E, lasciatecelo dire, per un possessore di Testarossa è una grande soddisfazione sapere che non ci sono altre vetture al mondo che lo possano sorpassare. Tranne due. La Lamborghini Countach 5000 S 4 valvole e la Ferrari GTO, che corrono rispettivamente a 295 e 305 km/h. Ma questi sono altri miti.

say it: for a Testarossa owner it is a great satisfaction to know that there are no other cars in the world that can overtake it. Except two. The Lamborghini Countach 5000 S 4-valves and the Ferrari GTO, which run at 295 and 305 kph respectively. But those are other myths.

la Testarossa dispense à n'en finir les émotions grisantes aux quelques privilégiés qui peuvent s'en payer une ou à ceux qui ont eu, ou auront, le plaisir de l'essayer, ne serait-ce que pour quelques kilomètres. Et à l'heure actuelle, des émotions, l'automobile en offre peu. Le trafic et la densité de la circulation ne permettent plus une conduite désinvolte et rapide. Toutefois nous sommes convaincus que la Testarossa nous fera retrouver le plaisir de conduire dans sa plus haute expression. Chaque virage de montagne, chaque dépassement, le moindre tronçon libre d'autoroute: toute est bon pour exhiber la puissance de la voiture. Et pas seulement pour le goût de la vitesse, mais aussi pour voyager en toute sécurité, en sachant qu'il suffit d'enfoncer les pied sur l'accélérateur pour sortir immédiatement des situations les plus dangereuses. Pour donner une idée des capacités de la Testarossa laissons parler les chiffres. La vitesse maximale est de 290 km/h; 5,8" seulement suffisent pour passer de 0 à 100 km/h. Toujours en départ arrêté les 400 m sont avalés en 13,6", les 1000 m en 24,1" avec une vitesse de sortie très élevée: 232 km/h. Avec les différents rapports les vitesses atteintes tiennent de l'incroyable: 80,6 km/h en première, 125,7 km/h en deuxième, 165,9 km/h en troisième, 216,2 km/h en quatrième, 289 km/h en cinquième. Ces temps sont meilleurs que ceux de la BB à laquelle la Testarossa donne par exemple une seconde nette par kilomètre. Et permettez-moi de vous dire que l'heureux propriétaire d'une Testarossa jouit d'un plaisir rare: aucune autre voiture au monde ne peut le dépasser. Sauf deux. La Lamborghini Countach 5000 S 4 soupapes et la Ferrari GTO, qui atteignent respectivement 295 et 305 km/h. Mais ce sont là deux autres mythes...

Il cambio della Testarossa è a cinque rapporti, tutti sincronizzati, più retromarcia. La leva di comando è a cloche sulla console centrale ed è dotata alla base di una griglia selettrice che consente passaggi di marcia rapidi e sportivi escludendo al tempo stesso ogni possibilità di errore nell'innesto.

The Testarossa's gearbox has five speeds, all synchronized, plus reverse. The shift lever is on the central console and has a selector grill at the base which permits rapid, sporty gear changes, while excluding any possibility of shift error.

La boîte de la Testarossa a cinq rapports, tous synchronisés, plus marche arrière. Le levier de commande est à cloche sur la console centrale. La grille sélectrice à la base permet des passages rapides de rapports, façon sport, en excluant toute possibilité d'erreur.

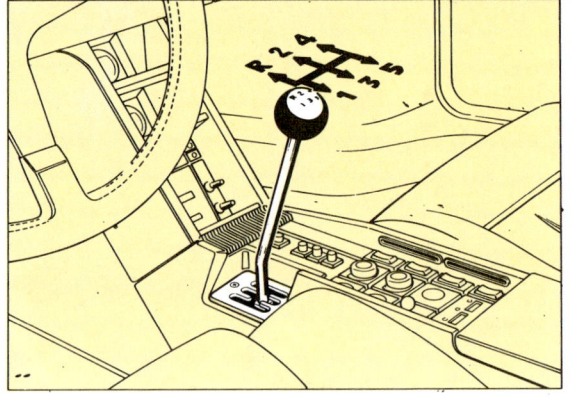

L'interno è molto accogliente, come nelle gran turismo di altri tempi, ma i sedili sono avvolgenti.

The interior is very plush, as in the grand touring cars of yore, but the seats are anatomically designed.

L'habitacle est très accueillant, comme dans les GT d'autrefois, mais avec des sièges enveloppants.

Il disegno del cruscotto può essere definito quasi spartano, ma la strumentazione è completa.

The design of the dashboard may be described as almost spartan, but the instrumentation is complete.

Le design du tableau de bord peut être défini spartiate mais l'instrumentation est complète.

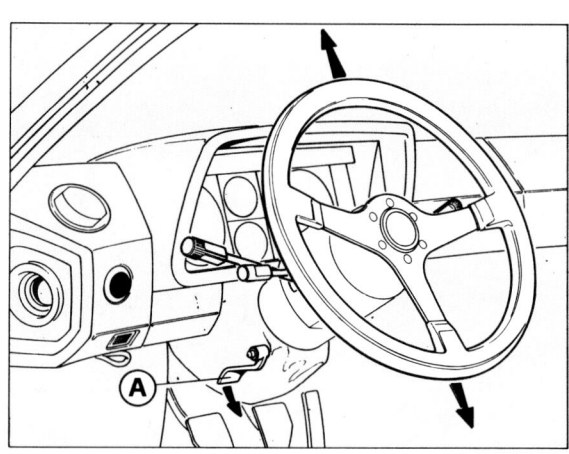

La Ferrari ha dotato la Testarossa di volante guida regolabile in altezza. Per ottenere la posizione ottimale è sufficiente agire sulla leva di sbloccaggio (A) e modificare la posizione fino ad ottenere l'inclinazione desiderata.

Ferrari made the adjustable steering-wheel standard on the Testarossa. Just unblock with lever (A) and adjust to the desired height.

Ferrari a doté la Testarossa d'un volant réglable en hauteur. Pour obtenir la position souhaitée, il suffit d'agir sur le levier de verrouillage (A) et de modifier la position jusqu'à obtenir l'inclinaison optimale.

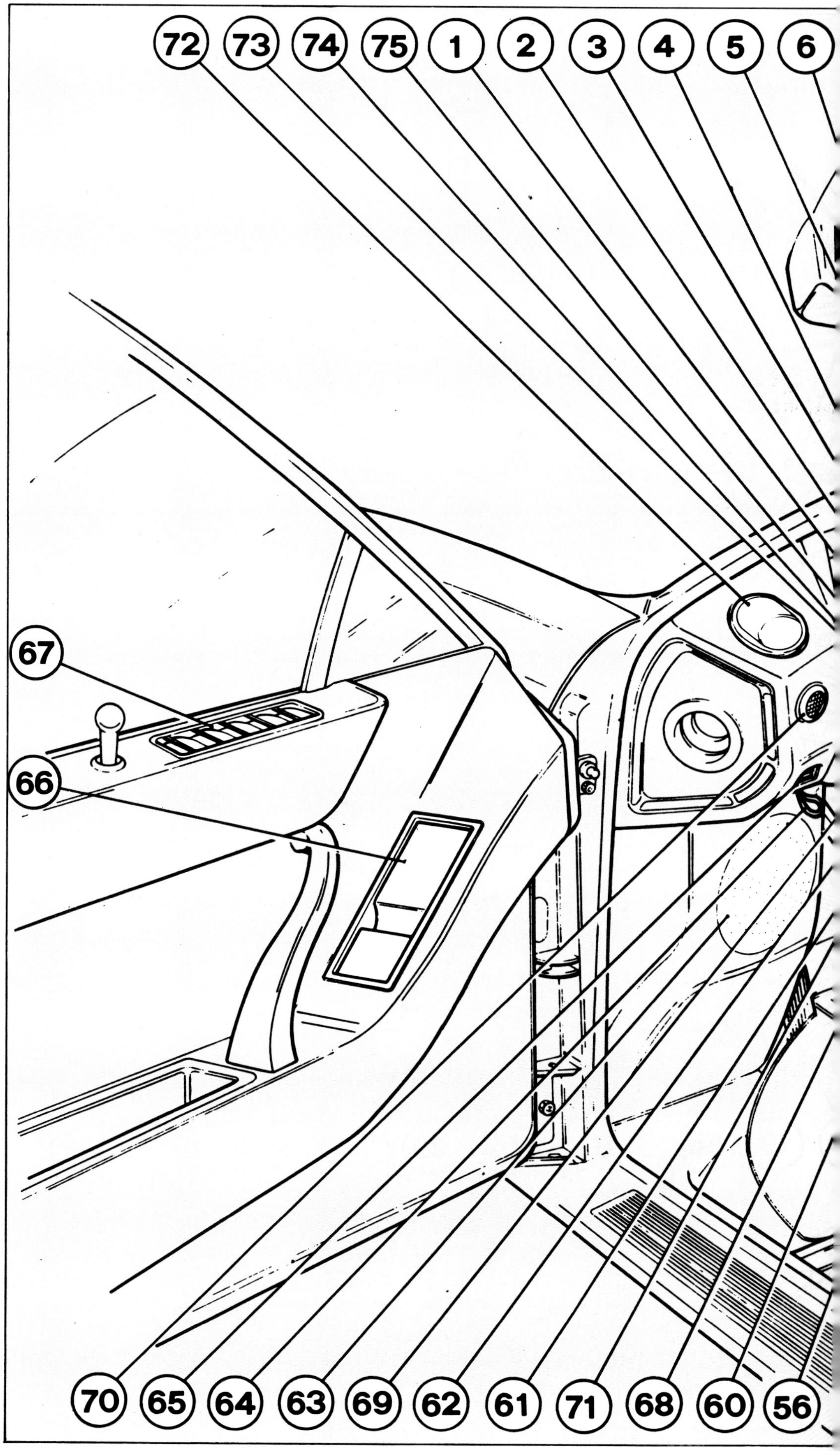

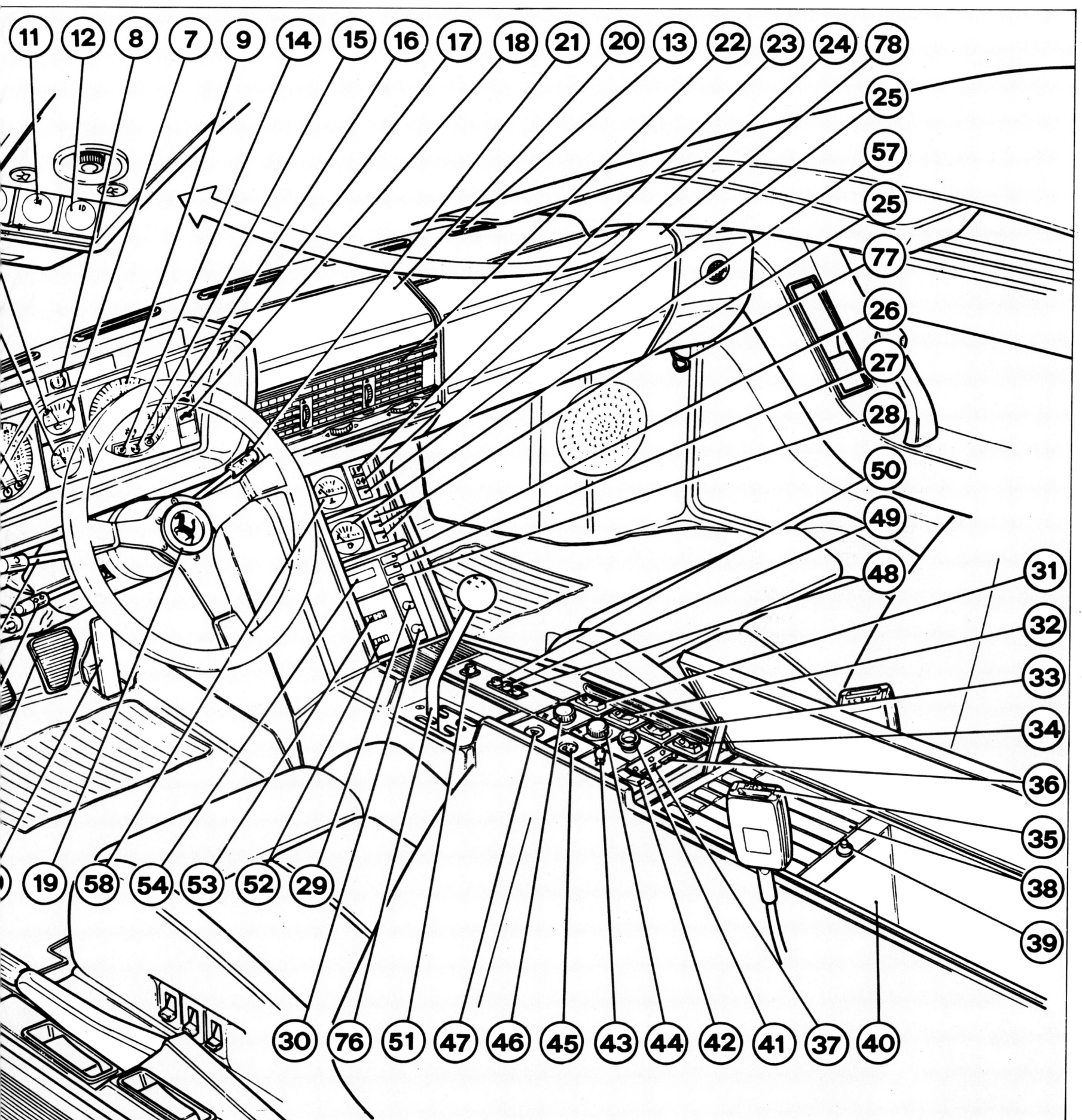

| Apparecchi di controllo e comandi | Instruments and controls | Commandes et appareils de contrôle |

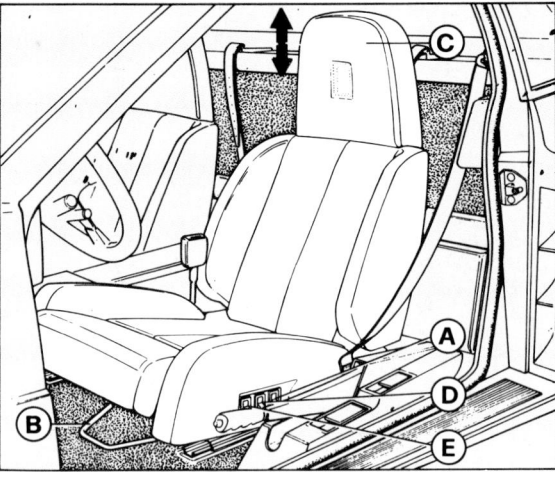

1. Segnalatore luminoso funzionamento indicatore di direzione sinistro (luce verde).
2. Spia proiettori luci abbaglianti (luce blu).
3. Segnalatore luminoso funzionamento indicatore di direzione destro (luce verde).
4. Tachimetro elettronico.
5. Termometro acqua.
6. Spia insufficiente pressione olio (luce rossa).
7. Manometro olio motore.
8. Spia avaria freni (luce rossa); si accende automaticamente per controllo all'avviamento, con la chiave in posizione II o III.
9. Contagiri elettronico con indicate le zone di regime elevato (giallo) e pericoloso (rosso).
10. Interruttore lunotto termico.
11. Interruttore luci posteriori per nebbia.
12. Interruttore per fari antinebbia (a richiesta).
13. Diffusore per ventilazione parabrezza.
14. Spia riserva carburante (luce arancio).
15. Spia luci esterne (luce verde).
16. Spia alternatore (luce rossa).
17. Spia cofano anteriore aperto.
18. Spia cofano motore aperto.
19. Pulsante avvisatore acustico.
20. Coperchio vano autoradio.
21. Leva comando tergicristallo e lavacristallo.
22. Diffusore aria di climatizzazione.
23. Spia proiettori fendinebbia (luce verde).
24. Spia luci posteriori per nebbia (luce arancio).
25. Spia a disposizione.
26. Pulante A per orologio.
27. Pulsante B per orologio.
28. Pulsante C per orologio.
29. Reostato per illuminazione strumenti e comandi.
30. Azzeratore contachilometri parziale. Azionare solo in senso antiorario e a vettura ferma.
31. Comando alzacristallo sinistro.
32. Comando alzacristallo destro.
33. Pulsante apertura cassetto porta-oggetti.
34. Interruttore regolazione aria ai piedi lato destro.
35. Pulsante bloccaggio cinture di sicurezza.
36. Display comando aria ai piedi lato destro.
37. Display comando aria ai piedi lato sinistro.
38. Porta cassette.
39. Pulsante illuminazione cassetto.
40. Cassetto porta-oggetti.
41. Accendisigari.
42. Interruttore regolazione aria ai piedi lato sinistro.
43. Levetta comando orientamento specchio esterno.
44. Pomello per regolazione temperatura aria.

1. Left side direction warning light (green).
2. Main beam warning light (blue).
3. Right side direction warning light (green).
4. Electronic speedometer.
5. Water thermometer.
6. Low oil pressure warning light (red).
7. Engine oil pressure gauge.
8. Brake failure warning light (red). For check purpose it will be illuminated every time the engine is started with ignition key on II or III position.
9. Rev counter with indicator of high (yellow) and dangerous speed (red).
10. Rear heated window switch.
11. Rear fog lights switch.
12. Fog lights switch. (Optional).
13. Outlets for air to windscreen.
14. Fuel reserve warning light (amber).
15. Lights indicator (green).
16. Alternator warning light (red).
17. Front boot lid open warning light.
18. Engine bonnet open warning light.
19. Horn button.
20. Radio compartment flap.
21. Windscreen wiper and washer lever.
22. Outlet for climatized air.
23. Front fog lights indicator (green).
24. Rear fog lights indicator (amber).
25. Unemployed warning light.
26. Push button A for clock.
27. Push button B for clock.
28. Push button C for clock.
29. Instrument panel illumination rheostat.
30. Trip odometer setting knob; turn only anticlockwise with car stationery.
31. Left window control switch.
32. R.H. window control switch.
33. Push button for glove box opening.
34. R.H. air to floor control switch.
35. Release push button for safety belt.
36. R.H. air to floor control display.
37. L.H. air to floor control display.
38. Cassette holder.
39. Object holder lighting push button.
40. Glove box compartment.
41. Cigarette lighter.
42. L.H. air to floor control switch.
43. Outside mirror adjusting lever.
44. Control knob for air conditioning temperature.
45. Parking lights switch.
46. Control knob for forced ventilation speed.
47. Hazard warning lights switch.

1. Lampe témoin de feux de direction G (lampe verte).
2. Lampe témoin feux de route (lampe bleu).
3. Lampe témoin de feux de direction D (lampe verte).
4. Compteur électronique.
5. Thermomètre d'eau.
6. Lampe témoin pression d'huile insuffisante (lampe rouge).
7. Manomètre huile moteur.
8. Lampe témoin d'avarie de frein (lampe rouge); s'allume chaque fois que l'on tourne la clé de contact en position II o III.
9. Compte-tours avec zone de haut régime (jaune) et zone hors régime (rouge).
10. Interrupteur commande vitre AR thermique.
11. Interrupteur feux antibrouillard AR.
12. Interrupteur pour feux antibrouillard. (Sur demande).
13. Diffuseur pour ventilation parebrise.
14. Lampe témoin réserve de carburant (lampe orange).
15. Lampe témoin feux extérieurs (lampe verte).
16. Lampe témoin alternateur (lampe rouge).
17. Lampe témoin capot avant ouvert.
18. Lampe témoin capot moteur ouvert.
19. Commande de l'avertisseur sonore.
20. Volet logement radio.
21. Levier commande essuie-glace et lave-glace.
22. Bouche réglable pour air de climatisation.
23. Lampe témoin feux antibrouillard (lampe verte).
24. Lampe témoin pour phares antibrouillard arrière (lampe jaune).
25. Lampe témoin vacante.
26. Bouton A pour montre.
27. Bouton B pour montre.
28. Bouton C pour montre.
29. Rhéostat réglage lampes éclairage instruments et commandes.
30. Remise à zéro du compteur partiel, tourner le bouton seulement à voiture arrêtée et en sens inverse des aiguilles d'une montre.
31. Commande lève-glace gauche.
32. Commande lève-glace D.
33. Bouton ouverture boîte à gants.
34. Commande air aux pieds droit.
35. Bouton déblocage ceintures de sécurité.
36. Display commande air aux pieds à droite.
37. Display commande air aux pieds à gauche.
38. Porte cassette.
39. Poussoir éclairage boîte à gants.
40. Boîte à gants.

I sedili anteriori, rivestiti in pelle Connolly, offrono diverse possibilità di regolazione per garantire al pilota un assetto di guida sempre corretto e al passeggero il massimo confort. Tre levette comandano rispettivamente: (A) il ribaltamento in avanti dello schienale per consentire l'accessibilità al vano di carico posto dietro ai sedili; (D) l'altezza del sedile; (E) l'inclinazione dello schienale. Lo spostamento in senso longitudinale è assicurato dalla leva (B), mentre con la lettera (C) viene indicato l'appoggiatesta.

The front seats, upholstered in Connolly leather, offer several possibilities of adjustment to assure the driver a correct driving position and the passenger the maximum comfort. Three small levers control: (A) folding down of the seatbacks to provide access to the cargo area behind; (D) seat height; (E) seatback inclination. Lever (B) is for longitudinal adjustments, while letter (C) indicates the headrest.

Les sièges avant sont habillés de cuir Connolly et peuvent être réglés dans tous les sens de manière à assurer au conducteur une position de pilotage toujours correcte et au passager un maximum de confort. Trois leviers permettent respectivement: (A) d'abattre en avant le dossier du siège et d'accéder au logement aménagé derrière les sièges; (D) de régler la hauteur du siège; (E) de régler l'inclinaison du siège. Le déplacement longitudinal est assuré par le levier (B), tandis que la lettre (C) indique l'appuie-tête.

45. Interruttore luci di parcheggio.
46. Pomello regolazione portata aria.
47. Interruttore luci di emergenza con spia incorporata.
48. Pulsante inserimento ventilazione parabrezza.
49. Pulsante inserimento ventilazione esterna.
50. Pulsante inserimento impianto aria climatizzata.
51. Pulsante di arresto per impianto di climatizzazione e ventilazione.
52. Numeratore contachilometri parziale.
53. Numeratore contachilometri.
54. Display orologio elettronico.
55. Leva freno di stazionamento.
56. Pulsante sbloccaggio leva freno di stazionamento.
57. Indicatore livello carburante.
58. Termometro olio motore.
59. Pedale acceleratore.
60. Pedale freno.
61. Pedale disinnesto frizione.
62. Leva bloccaggio e sbloccaggio piantone guida registrabile.
63. Altoparlante.
64. Leva d'emergenza apertura cofano anteriore.
65. Sensore temperature abitacolo.
66. Posacenere.
67. Diffusore per ventilazione vetri porte.
68. Leva comando indicatori di direzione.
69. Pomello di comando apertura fari e luci esterne.
70. Altoparlante.
71. Leva commutazione luci esterne.
72. Bocchetta laterale per climatizzazione.
73. Spia per freno di stazionamento inserito (luce rossa).
74. Spia lunotto termico (luce arancio).
75. Spia luci di parcheggio (luce verde).
76. Leva di comando cambio delle marce.
77. Tirante apertura di emergenza cassetto ripostiglio.
78. Cassetto porta-oggetti.

48. Push button for maximum windscreen demisting.
49. Push button for ventilation air.
50. Push button for climatized air.
51. Push button to stop heating conditioning unit.
52. Trip odometer.
53. Odometer.
54. Display of electronic clock.
55. Hand brake lever.
56. Push button for parking brake release.
57. Fuel level gauge.
58. Engine oil thermometer.
59. Accelerator pedal.
60. Brake pedal.
61. Clutch pedal.
62. Locking / unlocking lever for adjustable steering wheel.
63. Loudspeaker.
64. Lever for emergency opening of front bonnet.
65. Air temperature sensor.
66. Ashtray.
67. Outlet for air to side windows.
68. Direction indicators lever.
69. Retractable headlights and lights switch.
70. Loudspeaker.
71. Lights and high/low beam lever.
72. Side outlet for climatized air.
73. Parking brake warning light (red).
74. Rear heated window warning light (amber).
75. Parking lights indicator (green).
76. Gearbox lever.
77. Glove box emergency lever.
78. Glove box lid.

41. Allume-cigares.
42. Commande air aux pieds gauche.
43. Levier réglage miroir extérieur.
44. Régulateur témperature d'air.
45. Interrupteur feux de stationnement.
46. Régulateur d'air pulsé.
47. Interrupteur commande feux de secours.
48. Commande de ventilation sur parebrise.
49. Commande de ventilation extérieur.
50. Commande de mise en fonction de la climatisation.
51. Commande d'arrêt du combiné climatisation et ventilation.
52. Totalisateur kilométrique partiel.
53. Totalisateur kilométrique.
54. Cadran montre éléctronique.
55. Levier frein de stationnement.
56. Bouton déblocage levier frein de stationnement.
57. Indicateur niveau carburant.
58. Thermomètre huile moteur.
59. Pédale accélérateur.
60. Pédale de frein.
61. Pédale d'embrayage.
62. Levier blocage et déblocage volant de direction réglable.
63. Haut-parleur.
64. Levier d'ouverture de secours du coffre moteur.
65. Capteur température habitacle.
66. Cendrier.
67. Diffuseur pour ventilation glaces portes.
68. Levier pour feux direction.
69. Pommeau de commande ouverture phares et lampes extérieures.
70. Haut-parleur.
71. Levier commutation feux extérieurs.
72. Bouche latérale pour climatisation.
73. Lampe témoin pour frein de stationnement serré AV (lampe rouge).
74. Lampe témoin dégivreur lunette arrière (lampe orange).
75. Lampe témoin feux de stationnement (lampe verte).
76. Levier commande vitesses.
77. Tirant de secours boîte à gants.
78. Boîte à gants.

Le cinture di sicurezza sono del tipo a tre punti ad avvolgimento automatico. La lettera (A) indica la scatola che contiene il meccanismo per il riavvolgimento e anche la cintura stessa quando non viene utilizzata; (B) si riferisce al punto di ancoraggio alla base del sedile; (E) al braccetto flessibile sulla cui estremità si trova il pulsante "press" per agganciare e sganciare la cintura.

The seatbelts are the three-point type with automatic rewind. Letter (A) indicates the box which contains the rewind mechanism, as well as the belt itself when not in use; (B) refers to the anchor point at the base of the seat; (E) to the flexible arm with the "press" button on the end for hooking and unhooking the belt.

Les ceintures de sécurité sont du type à 3 points d'ancrage et à enroulement automatique. La lettre (A) indique le boîtier du mécanisme d'enroulement et de logement de la ceinture lorsqu'elle n'est pas utilisée; (B) se réfère au point d'ancrage à la base du siège; (E) la petite poignée flexible à l'extrémité de laquelle se trouve le bouton-poussoir "press" permettant de verrouiller et déverrouiller la ceinture.

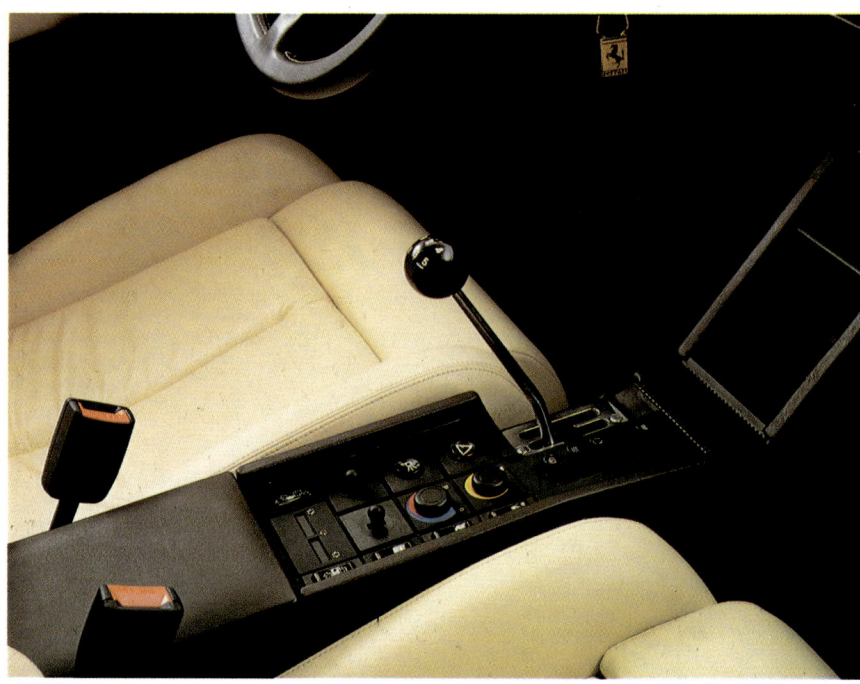

Il nitido design e le finiture impeccabili dei dettagli dell'allestimento interno.

The clean design and impeccable finish of the interior details.

Le design très pur et les finitions impeccables des détails de l'aménagement intérieur.

Strumentazione della Testarossa versione Europa.

The instrument panel of the Testarossa in the Europe version.

L'instrumentation de la Testarossa en version Europe.

Le porte sono provviste di serratura con chiave; è quindi possibile la chiusura dall'esterno tanto dal lato sinistro quanto dal lato destro. Azionando con la chiave la serratura esterna lato guida, tramite un comando elettrico centralizzato si blocca o si sblocca anche la portiera lato passeggero.

Both doors are provided with key-operated locks; car may be locked also on the passenger's side. When locking the driver's side with the key also the opposite door, passenger's side, will be automatically locked through an electric centralized system.

Une serrure à clé se trouve sur les deux portes; il est ainsi possible de descendre et monter des deux côtés. En tournant la clé de la serrue extérieure de la porte conducteur, au moyen d'une centrale électrique on bloque ou débloque aussi la serrure du passeger.

Lo scomparto anteriore dei bagagli. Un set di valigie Ferrari è stato studiato appositamente per le sue dimensioni.

The front baggage compartment. A set of Ferrari luggage was specially designed to its dimensions.

Le coffre à bagages avant: un set de valises Ferrari a été réalisé sur mesure.

Gli attrezzi sono sistemati in due eleganti valigette. La più piccola è la (A) e contiene una serie di chiavi piatte (misure da 6 a 22 mm), una pinza universale, quattro cacciaviti; la più capace è la (B) che racchiude il martinetto per il sollevamento della vettura, il triangolo, un martello, la chiave per le candele, le cinghie per l'alternatore e per il compressore del condizionatore, il gancio di traino, la chiave per i dadi delle ruote, oltre a fusibili, lampadine e candele.

The tools are arranged in two elegant carrying cases. The smaller (A) contains a series of flat wrenches (sizes from 6 to 22 mm), adjustable pliers, four screwdrivers; the larger case (B) contains the jack, emergency

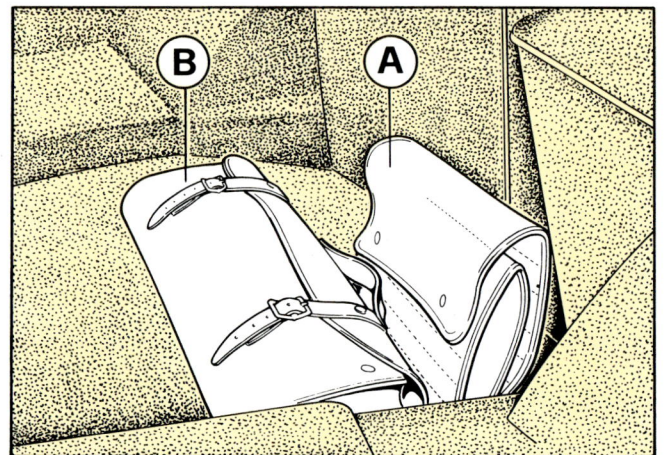

triangle, hammer, sparkplug wrench, belts for the alternator and the air-conditioning compressor, towing hitch, lug-nut wrench, as well as fuses, bulbs and sparkplugs.

L'outillage est rangé dans deux petites mallettes très élégantes. La plus petite (A) contient un jeu de clés plates (mesures de 6 à 22 mm), une pince universelle, quatre tournevis; l'autre (B) contient le cric, le triangle de panne, un marteau, la clé pour les bougies, les courroies pour l'alternateur et le compresseur de l'air conditionné, le crochet de remorquage, la clé pour les écrous des roues, des fusibles, des ampoules et des bougies.

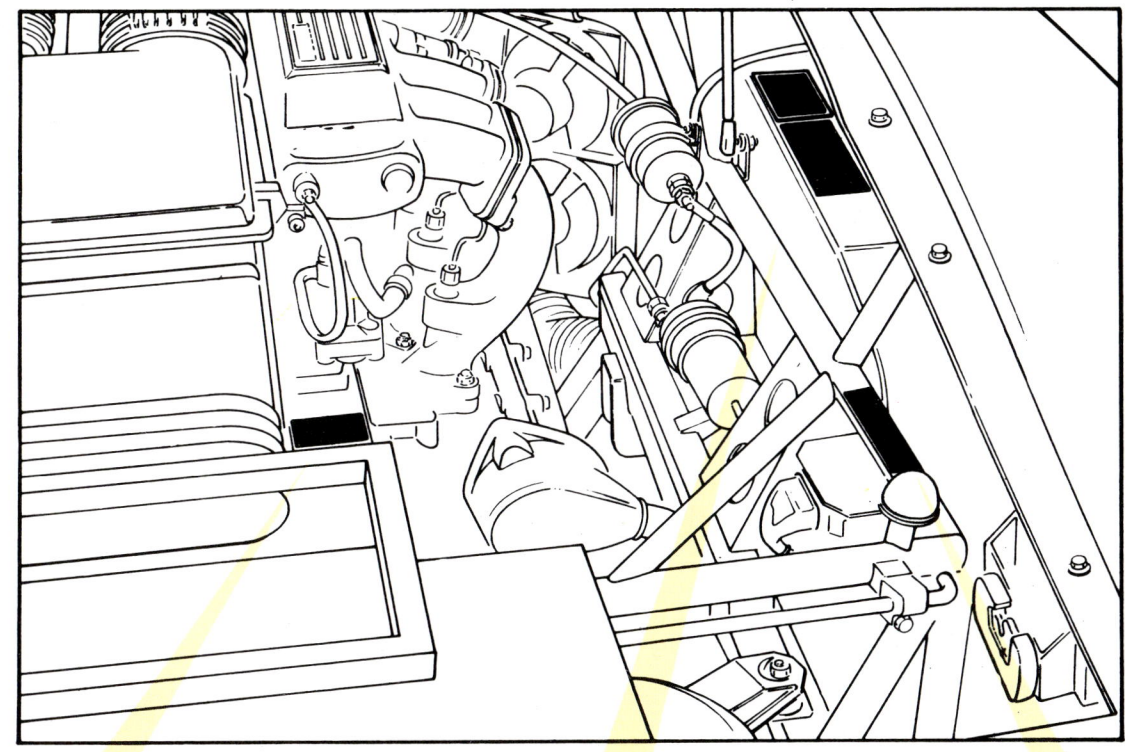

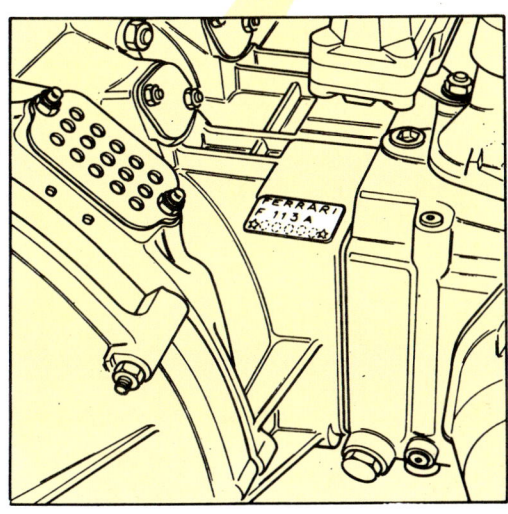
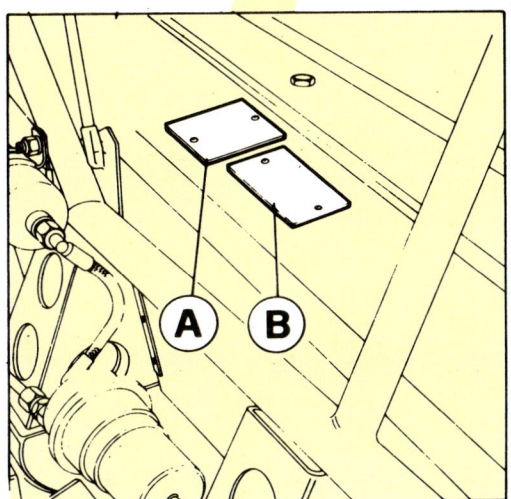
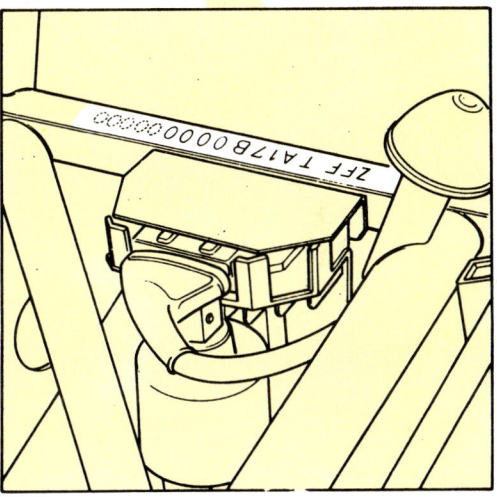

I dati relativi alla identificazione di ogni Testarossa sono situati nel vano motore. Una targhetta indica il numero e il tipo di motore (disegno a sinistra), un'altra l'omologazione e un'altra ancora il tipo di lubrificante prescritto per il propulsore e per il cambio (disegno al centro, contrassegnate rispettivamente dalle lettere A e B). A queste si aggiunge la stampigliatura sulla scocca con il numero di telaio.

Data identifying each Testarossa are located in the engine compartment. One plaque indicates the number and type of engine (drawing at left), another the official approval and yet another the type of lubricant prescribed for the engine and for the transmission (center drawing, indicated with the letters A and B respectively). In addition, the chassis number is stamped on the body structure.

Les données d'identification de chaque Testarossa se trouvent dans le coffre moteur. Une plaquette indique le numéro et le type de moteur (croquis à gauche); una autre l'homologation et une autre encore le type de lubrifiant prescrit pour le moteur et la boîte de vitesses (croquis du centre, marquées respectivement par les lettres A et B). Le numéro du châssis est étampé sur la caisse.

Impianto climatizzazione

1. Diffusore per ventilazione parabrezza. 2. Bocchetta laterale per climatizzazione; 3. Diffusore per ventilazione vetri porte; 4. Diffusore aria di climatizzazione; 5. Gruppo evaporatore-riscaldatore; 6. Filtro disidratatore; 7. Condensatore; 8. Accumulatore di depressione; 9. Compressore; 10. Elettrovalvola acqua; 11. Termocontatto; 12. Pomello per regolazione temperatura aria; 13. Pulsante di arresto per impianto di climatizzazione e ventilazione; 14. Pulsante inserimento impianto aria climatizzata; 15. Pulsante inserimento ventilazione esterna; 16. Pulsante per inserimento ventilazione parabrezza; 17. Pomello per regolazione portata aria; 18. Ghiera orientamento flusso aria in senso verticale e chiusura bocchette; 19. Ghiera orientamento flusso aria in senso trasversale; 20. Interruttore comando bocchetta aria ai piedi lato destro; 21. Display comando aria ai piedi; 22. Interruttore comando bocchetta aria ai piedi lato sinistro; 23. Diffusore regolabile per aria ai piedi.

Air-conditioning

1. Outlets for air to windscreen; 2. Lateral outlet for climatized air; 3. Outlet for air to side windows; 4. Outlet for climatized air; 5. Evaporator and heater unit; 6. Dryer element; 7. Condenser; 8. Vacuum accumulator; 9. Compressor; 10. Water electrovalve; 11. Thermocontact; 12. Control knob for air conditioning temperature; 13. Push button to stop heating conditioning unit; 14. Push button for climatized air; 15. Push button for ventilation air; 16. Push button for maximum windscreen demisting; 17. Control knob for forced ventilation speed; 18. Adjusting knurled rings for vertical air flow, and closing of the outlets; 19. Adjusting knurled rings for transversal air flow; 20. Control switch for air outlet to the passenger's feet (right); 21. Air to floor control display; 22. Control switch for air outlet to the driver's feet (left); 23. Air outlet to the feet.

Système de climatisation

1. Diffuseur pour ventilation parebrise; 2. Bouche latérale pour climatisation; 3. Diffuseur pour ventilation glaces portes; 4. Bouche réglable pour air climatisation; 5. Groupe évaporateur-réchauffeur; 6. Filtre dépurateur; 7. Condensateur; 8. Accumulateur de dépression; 9. Compresseur; 10. Electro soupape eau; 11. Thermo contact; 12. Régulateur température d'air; 13. Commande d'arrêt du combiné climatisation et ventilation; 14. Commande de mise en fonction de la climatisation; 15. Commande de ventilation extérieure; 16. Commande de ventilation sur parebrise; 17. Regulateur d'air pulsé; 18. Molette pour réglage débit d'air en sense vertical et de fermeture des diffuseurs; 19. Molette pour réglage débit d'air en sens transversal; 20. Interrupteur commande bouche air aux pieds côté droit; 21. Display commande air aux pieds; 22. Interrupteur commande bouche air aux pieds côté gauche; 23. Diffuseur réglable pour l'air aux pieds.

Le frecce celesti indicano l'entrata aria fresca per: condizionatore, freni anteriori, radiatori acqua, abitacolo e vano motore. Le rosse invece rappresentano l'aria calda in uscita dall'abitacolo e dal vano motore.

The light-blue arrows indicate fresh air intake for: the air-conditioner, front brakes, water radiator, cockpit and engine compartment. The red arrows represent hot air exiting the cockpit and the engine compartment.

Les flèches bleues indiquent l'entrée d'air frais pour: l'air conditionné, les freins avant, les radiateurs d'eau, l'habitacle et le coffre moteur. Les flèches rouges représentent l'air chaud sortant de l'habitacle et du coffre moteur.

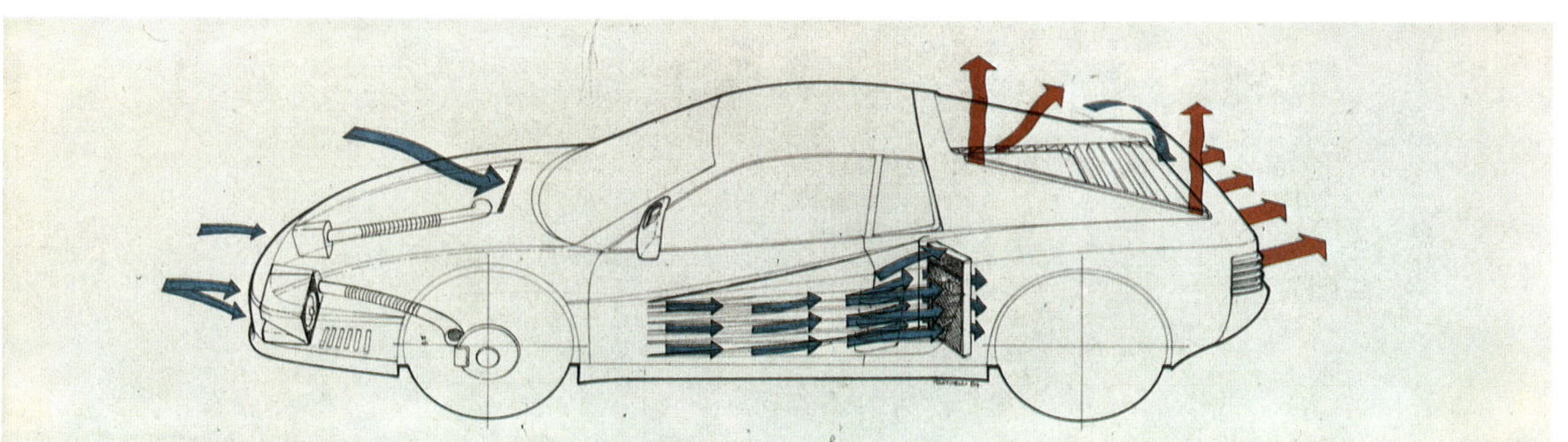

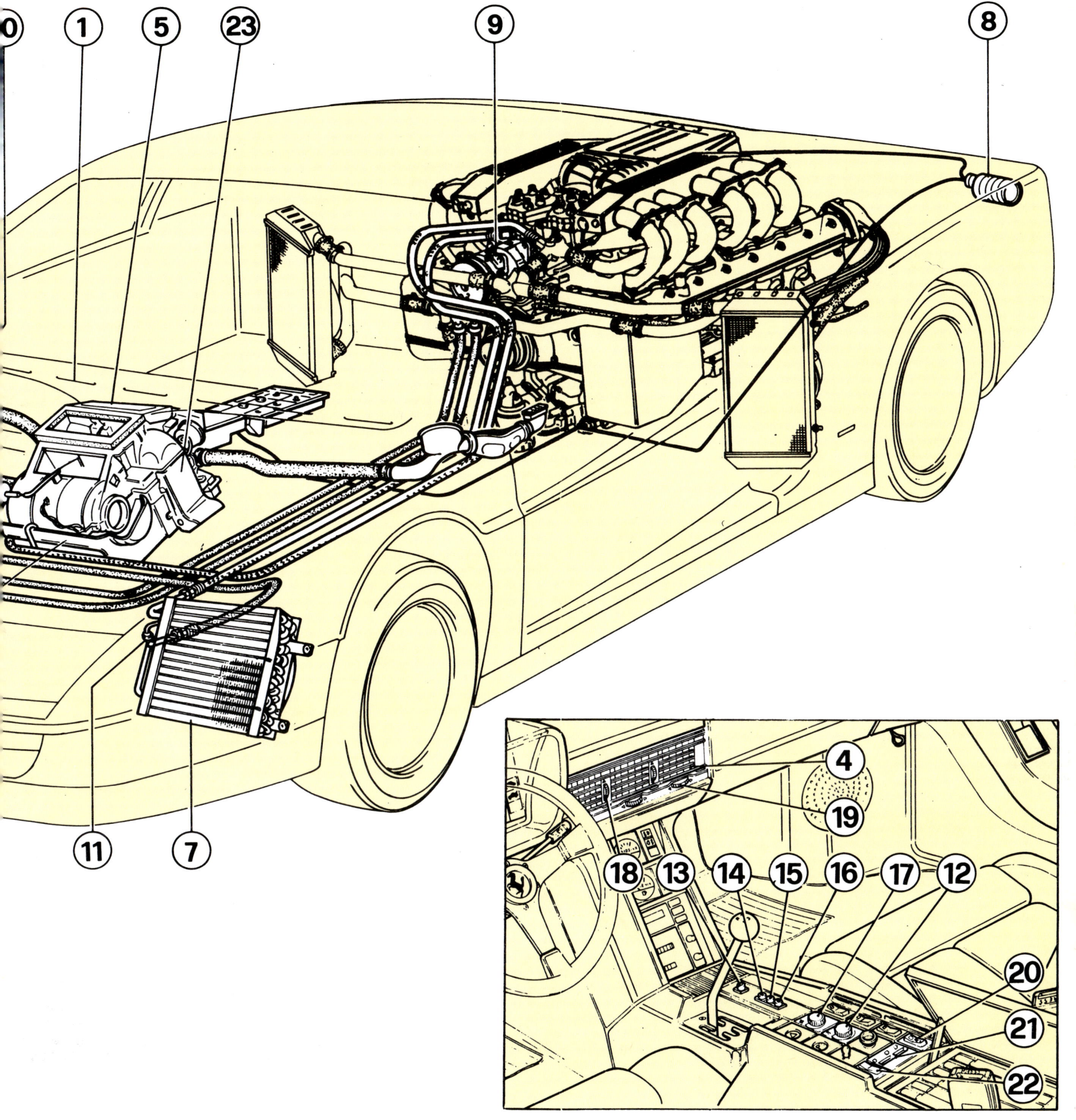

PRINCIPALI CARATTERISTICHE	TECHNICAL DATA	CARACTERISTIQUES PRINCIPALES
Motore modello F 110 AB - 12 cilindri contrapposti cilindrata cc 4942 - alesaggio × corsa=mm 82×78 rapporto di compressione 9,2:1 potenza massima (DIN) CV 390 (=78,9 CV/litro) a 6300 giri/min coppia massima (DIN) mkg 50 a 4500 giri/min alimentazione atmosferica - iniezione indiretta elettronica Bosch K Jetronic accensione elettronica Marelli Microplex - candele (12 mm) Champion A 8 G 4 valvole in testa inclinate trasversalmente - 4 alberi a camme in testa - cinghie dentate Goodyear Supertorque PD - tenditore semiautomatico raffreddamento ad acqua forzata - 2 elettroventilatori automatici - 2 radiatori - circuito 20 litri lubrificazione forzata - carter secco - filtro - circuito 15,5 litri **Trasmissione** motore posteriore longitudinale - ruote motrici posteriori frizione Borg & Beck bidisco cambio Ferrari 5 marce tutte sincronizzate - lubrificazione forzata rapporti riduzione: I=3,139; II=2,014; III=1,526; IV=1,167; V=0,875; RM=2,532 rinvio finale: coppia conica ipoide, rapporto riduzione (14/45)=3,21 differenziale ZF autobloccante ruote smontabili in lega leggera: anteriori 8"×16" (oppure 210 TR 415), posteriori 10"×16" (oppure 240 TR 415) pneumatici anteriori Goodyear 225/50 VR oppure Michelin 240/45 VR 415 TRX; posteriori Goodyear 255/50 VR oppure Michelin 280/45 VR 415 TRX **Corpo vettura** chiusa 2 posti (disegno e produzione Pininfarina) - telaio tubolare (a traliccio) carrozzeria in acciaio e alluminio avantreno a ruote indipendenti - quadrilateri trasversali - all'interno molloni elicoidali con ammortizzatori Koni coassiali - barra stabilizzatrice trasversale retrotreno a ruote indipendenti - quadrilateri trasversali - 2 molloni elicoidali con 2 ammortizzatori Koni coassiali - barra stabilizzatrice trasversale freni: 4 dischi autoventilanti - servofreno - freno a mano sul retrotreno sterzo: cremagliera - diametro di sterzata m 12,2 impianto elettrico: tensione 12 V - alternatore AC Delco A 110 - batteria 66 Ah lunghezza m 4,485 - larghezza m 1,976 - altezza m 1,130 (minima da terra cm 14) - passo m 2,550; carreggiate: ant m 1,518 - post m 1,660 peso a vuoto kg 1506	**Engine** model F 110 AB - opposed 12-cylinder displacement 4942 cc - bore × stroke=82×78 mm compression ratio 9,2:1 maximum power (DIN) 390 HP (=78.9 HP/liter) at 6300 rpm maximum torque (DIN) 50 mkg at 4500 rpm naturally aspirated engine - Bosch K Jetronic indirect fuel injection Marelli Microplex electronic ignition - Champion A 8 G sparkplugs (12 mm thread) 4 transversely-inclined overhead valves per cylinder - 4 overhead camshafts - Goodyear Supertorque PD cog-belts - semi-automatic tensioner forced water cooling - 2 electric automatic fans - 2 radiators - 20-litre circuit forced lubrication - dry sump - filter - 15.5-litre circuit **Drive** longitudinal rear-mounted engine - rear drive wheels Borg & Beck dual disk clutch Ferrari 5-speed all-synchronized transmission - forced lubrication reduction ratios: 1st=3.139; 2nd=2.014; 3rd=1.526; 4th=1.167; 5th=0.875; reverse 2.532 final drive gear: hypoid bevel gears, reduction ratio (14/45)=3.21 self-blocking ZF differential light-alloy removeable wheels: front 8"×16" (or 210 TR 415), rear 10"×16" (or 240 TR 415) front tires Goodyear 225/50 VR or Michelin 240/45 VR 415 TRX; rear Goodyear 255/50 VR or Michelin 280/45 VR 415 TRX **Body** closed two-seater (Pininfarina design and production) - tubular frame (latticework-type) body of steel and aluminum independent front wheel suspension - transverse trapezoids - coil springs with Koni coaxial shock-absorbers inside - transverse stabilizer bar independent rear wheel suspension - transverse trapezoids - 2 coil springs with 2 Koni coaxial shock-absorbers - transverse stabilizer bar brakes: 4 self-ventilating disks - power brake - handbrake on rear axle steering: rack and pinion - turning diameter 12.2 m electrical system: 12 V - AC Delco A 110 alternator - 66 Ah battery length 4.485 m - width 1.976 m - height 1.130 m (minimum ground clearance 14 cm) - wheelbase 2.550 m; tracks: 1.518 m front - 1.660 m rear curb weight 1,506 kg	**Moteur** modèle F 110 AB - 12 cylindres opposés cylindrée 4942 cc - alésage × course=82×78 mm rapport de compression 9,2:1 puissance maxi (DIN) 390 ch (=78,9 ch/litre) à 6300 tr/mn couple maxi (DIN) 50 mkg à 4500 tr/mn alimentation atmosphérique - injection indirecte électronique Bosch K Jetronic allumage électronique Marelli Microplex - bougies (12 mm) Champion A 8 G 4 soupapes en tête inclinées transversalement - 4 arbres à cames en tête - courroies crantées Goodyear Supertorque PD - tendeur semi-automatique refroidissement à eau forcée - 2 ventilateurs électriques automatiques - 2 radiateurs - circuit 20 litres graissage forcé - carter sec - filtre - circuit 15,5 litres **Transmission** moteur arrière longitudinal - roues motrices arrière embrayage Borg & Beck bidisque boîte Ferrari à 5 rapports tous synchronisés - graissage forcé rapports: I=3,139; II=2,014; III=1,526; IV=1,167; V=0,875; MA=2,532 renvoi final: couple conique hypoïde, rapport de réduction (14/45)=3,21 différentiel ZF autobloquant rouse démontables en alliage léger: avant 8"×16" (ou 210 TR 415), arrière 10"×16" (ou 240 TR 415) pneumatiques avant Goodyear 225/50 VR ou Michelin 240/45 VR 415 TRX; arrière Goodyear 255/50 VR ou Michelin 280/45 VR 415 TRX **Corps voiture** fermée deux places (dessin et production Pininfarina) - châssis tubulaire (à treillis) carrosserie en acier et aluminium suspensions avant à roues indépendantes - quadrilatères transversaux - ressorts hélicoïdaux à l'intérieur et amortisseurs Koni coaxiaux - barre de stabilisation transv. suspensions arrière à roues indépendantes - quadrilatères transversaux - 2 ressorts hélicoïdaux avec 2 amortisseurs Koni coaxiaux - barre de stabilisation transversale freins: 4 disques auto ventilants - servofrein - frein à main sur les roues arrière direction: crémaillère - rayon de braquage 12,2 m équipement électrique: tension 12 V - alternateur AC Delco A 110 - batterie 66 Ah longueur 4,485 m - largeur 1,976 m - hauteur 1,130 m (garde au sol min 14 cm) empattement 2,550 m; voie avant 1,518 m - voie arrière 1,660 m poids à vide 1506 kg

Il propulsore a dodici cilindri della Testarossa visto dalla parte anteriore. Si notino le cinghie che comandano l'alternatore (sulla destra) e il compressore del condizionatore d'aria. Il grande coperchio nero copre gli ingranaggi della distribuzione azionati da cinghie dentate con tenditore. Di lato il coperchio delle punterie verniciato in rosso.

The Testarossa's 12-cylinder power plant viewed from the front. Note the belts that drive the alternator (right) and the air-conditioning compressor. The large black housing covers the valve-system gears driven by toothed belts with stretchers. Next to it, the tappet cover painted red.

Le 12 cylindres de la Testarossa vu de l'avant. On remarque les courroies qui commandent l'alternateur (à droite) et le compresseur de l'air conditionné. Le grand couvercle noir couvre les engrenages de la distribution actionnés par des courroies crantées par l'intermédiaire d'un tendeur. Sur le côté, le couvercle des soupapes de couleur rouge.

Vista laterale del motore. Bene in vista il coperchio delle punterie di colore rosso, da cui deriva il nome Testarossa. Sulla destra il gruppo cambio e sopra l'impianto di iniezione e i collettori di aspirazione.

Side view of the engine. Clearly visible the red tappet cover from which the name Testarossa derives. On the right, the gearbox group and, above, the injection system and intake manifolds.

Vue latérale de moteur. On distingue bien le couvercle des soupapes de couleur rouge qui a donné son nom à la Testarossa. La boîte de vitesse est à droite; au-dessus, le système d'injection et les collecteurs d'aspiration.

Il gruppo motore e trasmissione dalla parte posteriore. A destra e sinistra del cambio sono bene in vista i due spinterogeni (uno per bancata), sopra, il sistema di alimentazione a iniezione elettronica.

The engine-transmission group from the rear. Left and right of the gearbox are the two ignition distributors (one per cylinder bank); above, the electronic fuel-injection system.

Le groupe moteur et la transmission vus de l'arrière. A droite et à gauche de la boîte, on distingue les deux distributeurs d'allumage (un par banc de cylindres); au-dessus, le système d'alimentation à injection électronique.

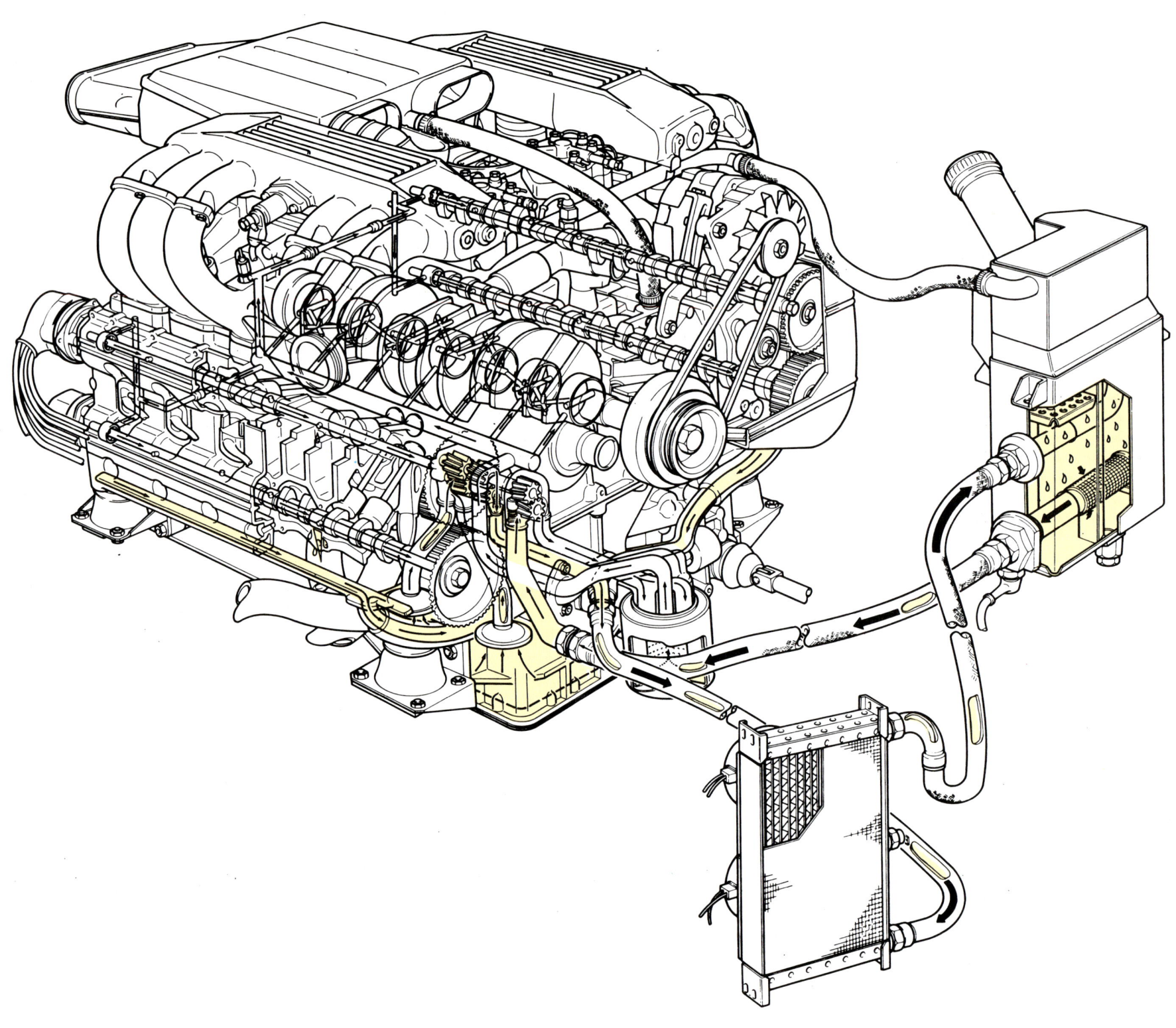

In questo disegno è schematizzato l'impianto di lubrificazione del dodici cilindri boxer che equipaggia la Testarossa. La lubrificazione è del tipo a pressione a mezzo di una pompa ad ingranaggi. L'impianto è completato da un radiatore di raffreddamento e da un serbatoio di recupero fissato al telaio. La Casa costruttrice raccomanda di controllare il livello dell'olio, tramite la consueta astina, ogni 500 km di percorrenza.

This is a diagram of the lubrication system of the Testarossa's twelve-cylinder boxer. The lubrication is pressurized by means of a gear pump. The system is completed by an oil cooler and a recovery reservoir secured to the frame. The manufacturer recommends checking the oil level, with the usual dipstick, every 500 km.

Ce croquis schématise l'installation de graissage du 12 cylindres boxer qui propulse la Testarossa. Le graissage est du type à pression par pompe à engrenages. Le dispositif est complété par un radiateur de refroidissement et un réservoir de récupération fixé au châssis. Le constructeur recommande de vérifier le niveau d'huile tous les 500 km grâce à la jauge habituelle.

Schema comando distribuzione
1. Ingranaggio albero distribuzione comando valvole di aspirazione dei cilindri 1-2-3-4-5-6; 2. Ingranaggio albero distribuzione comando valvole scarico cilindri 1-2-3-4-5-6; 3. Ingranaggi conduttori; 4. Tenditori; 5. Ingranaggio albero distribuzione comando valvole di aspirazione dei cilindri 7-8-9-10-11-12; 6. Ingranaggi albero distribuzione comando valvole di scarico dei cilindri 7-8-9-10-11-12; 7. Grani di trascinamento.

Layout of camshaft drive
1. Inlet camshaft drive gear for cylinders 1-2-3-4-5-6; 2. Exhaust camshaft drive gear for cylinders 1-2-3-4-5-6; 3. Driving gears; 4. Idlers; 5. Inlet camshaft drive gear for cylinders 7-8-9-10-11-12; 6. Exhaust camshaft drive gear for cylinders 7-8-9-10-11-12; 7. Driving dowels.

Schéma commande distribution
1. Engrenages de l'arbre de distribution commandant les soupapes d'admission des cylindres 1-2-3-4-5-6; 2. Engrenages de l'arbre de distribution commandant les soupapes d'échappement des cylindres 1-2-3-4-5-6; 3. Pignon de commande; 4. Tendeurs; 5. Engrenage de l'arbre de distribution commandant les soupapes d'admission des cylindres 7-8-9-10-11-12; 6. Engrenage de l'arbre de distribution commandant les soupapes d'échappement des cylindres 7-8-9-10-11-12; 7. Ergots d'entraînement.

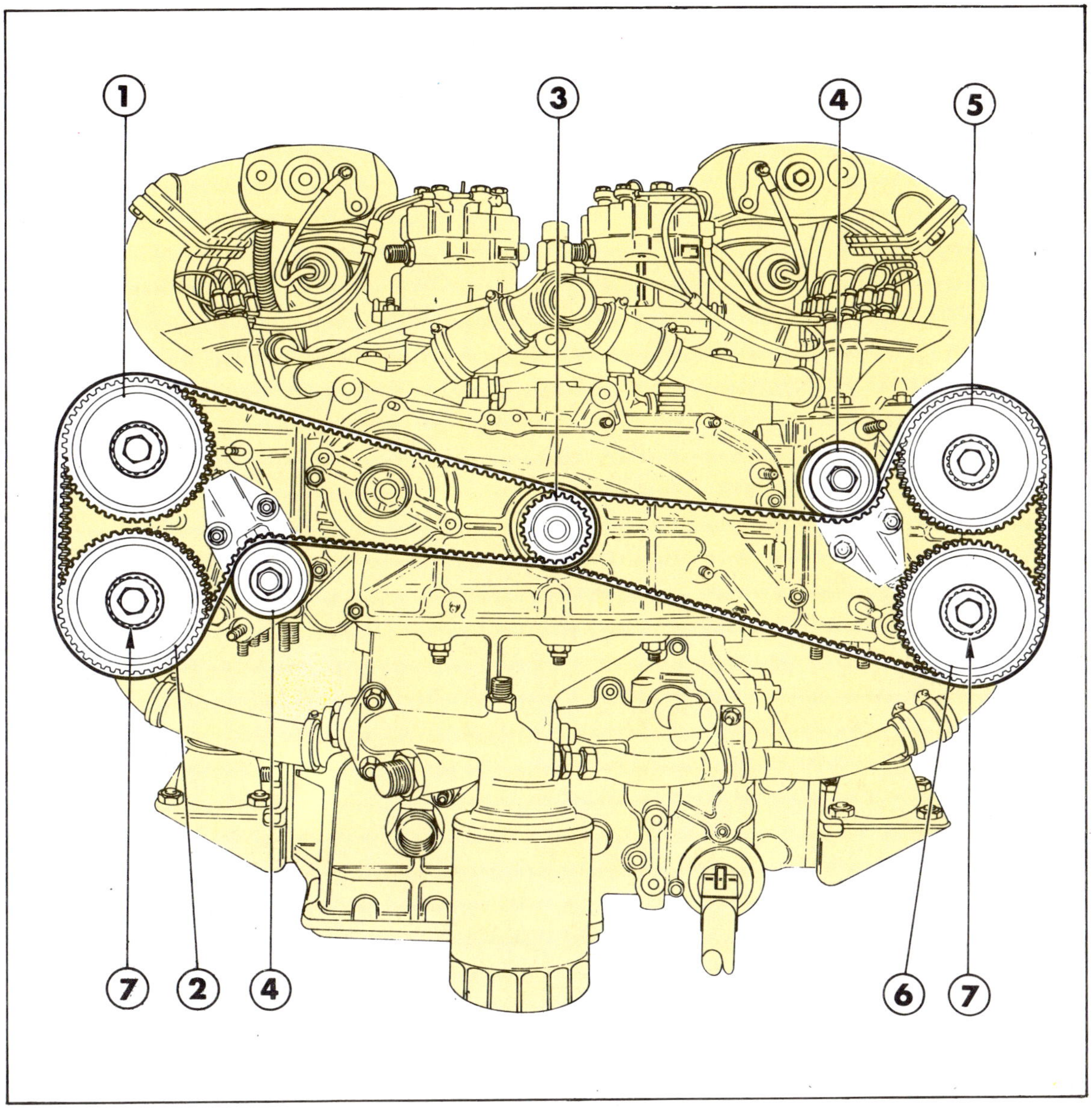

Impianto di iniezione
A. Dosatori carburante; B. Regolatori fase riscaldamento; C. Iniettori; D. Valvole aria suplementare; E. Elettroiniettore per avviamento; F. Valvola limitatrice di depressione; G. Filtro benzina; H. Accumulatore.

Fuel injection system
A. Fuel distributors; B. Warm up and control pressure regulators; C. Fuel injectors; D. Additional air valves; E. Cold start injectors; F. Manifold vacuum limiting valve; G. Fuel filters; H. Fuel accumulator.

Impiantation de l'injection
A. Doseurs-distributeurs essence; B. Correcteurs de réchauffage; C. Injecteurs; D. Commandes d'air additionnel; E. Injecteurs de départ à froid; F. Soupape "limitateur" de dépression; G. Filtres à essence; H. Accumulateur.

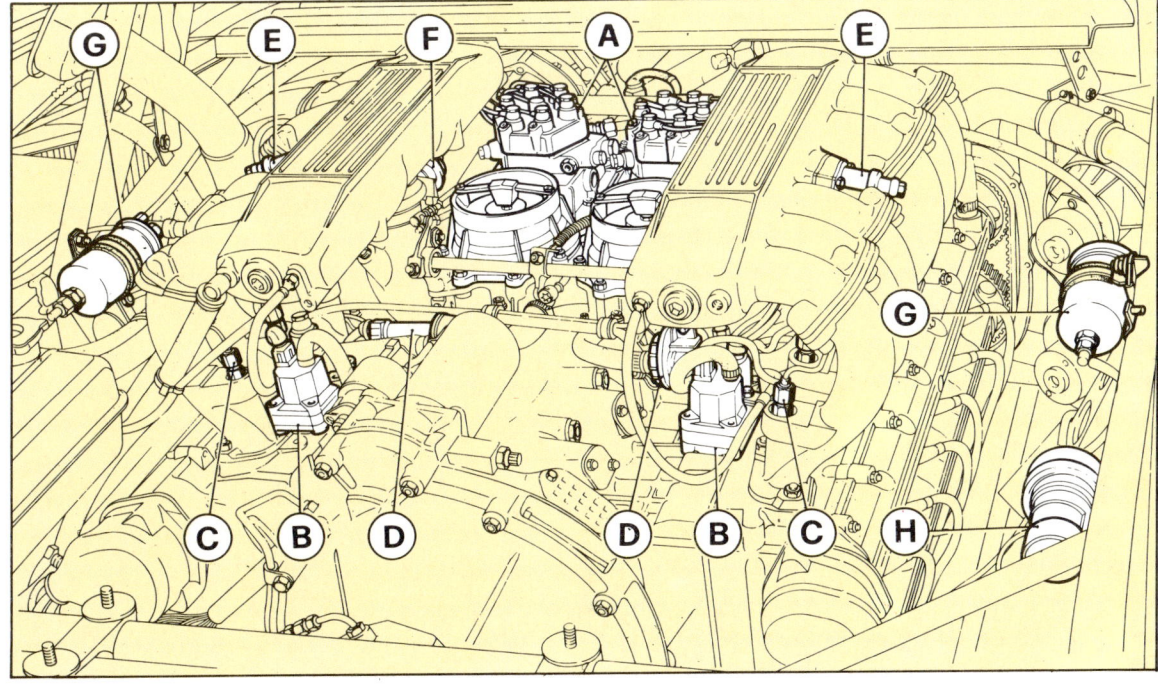

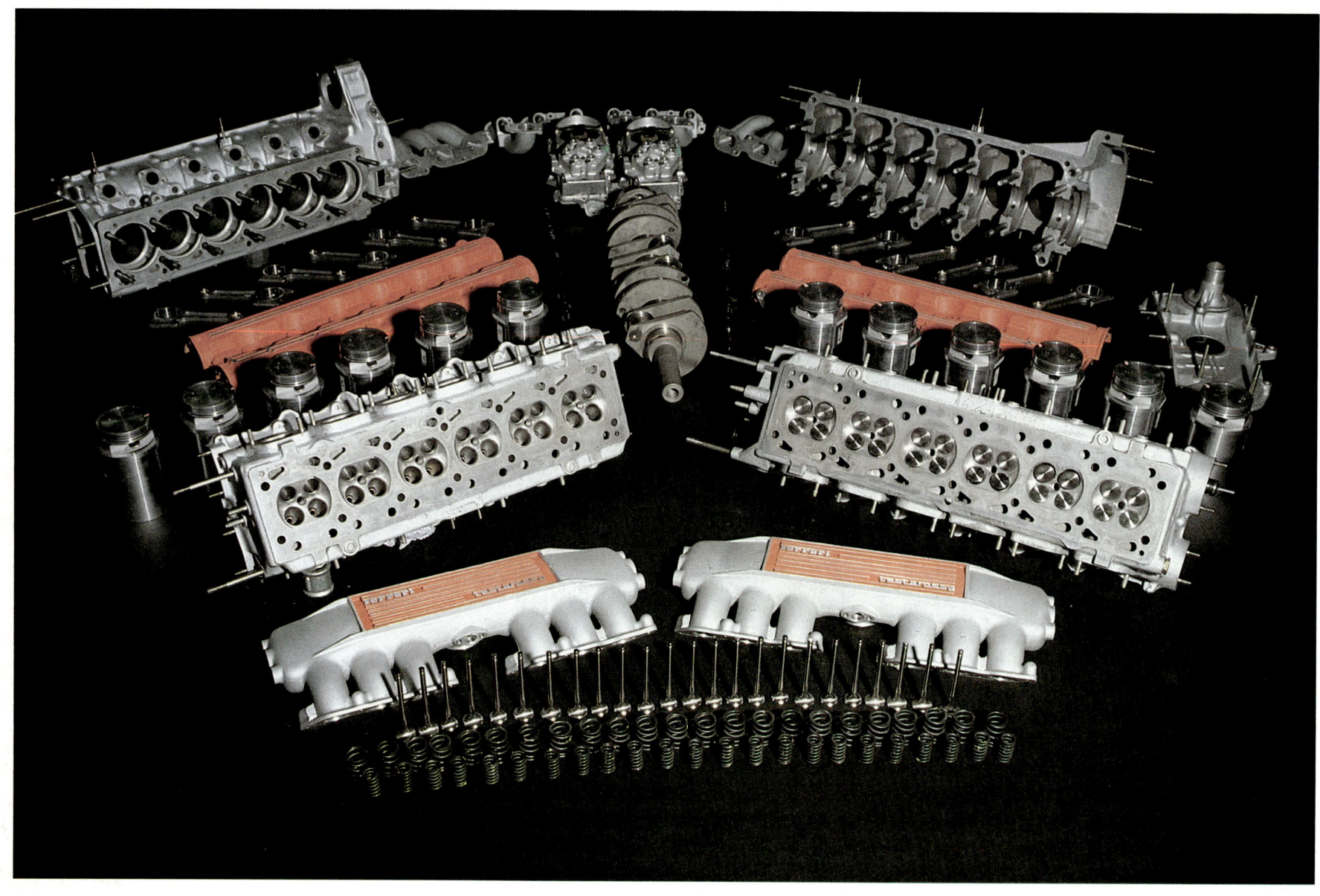

Il motore della Testarossa scomposto nelle sue parti fondamentali. Dietro alle valvole (quattro per cilindro), i due collettori di aspirazione, in secondo piano le teste con le sedi per le valvole e i dodici pistoni in alluminio, quindi i coperchi delle punterie. Sullo sfondo (da sinistra a destra) il primo monoblocco, i dosatori di carburante e il secondo monoblocco. Al centro l'albero a gomiti.

The Testarossa's engine broken down into its fundamental parts. Behind the valves (four per cylinder), the two intake manifolds; further back, the cylinder heads with valve seats and twelve aliminum pistons, then the tappet covers. In the back (left to right): the first engine block, the fuel-metering valves and the second engine block. In the center, the crankshaft.

Le moteur de la Testarossa décomposé dans ses diverses parties: derrière les soupapes (quatre par cylindre), les deux conduits d'aspiration; au deuxième plan, les têtes et les sièges des soupapes, les douze pistons en aluminium et les couvercles des soupapes; au fond (de gauche à droite), le premier bloc, les doseurs d'essence et le deuxième bloc. Au centre, le vilebrequin.

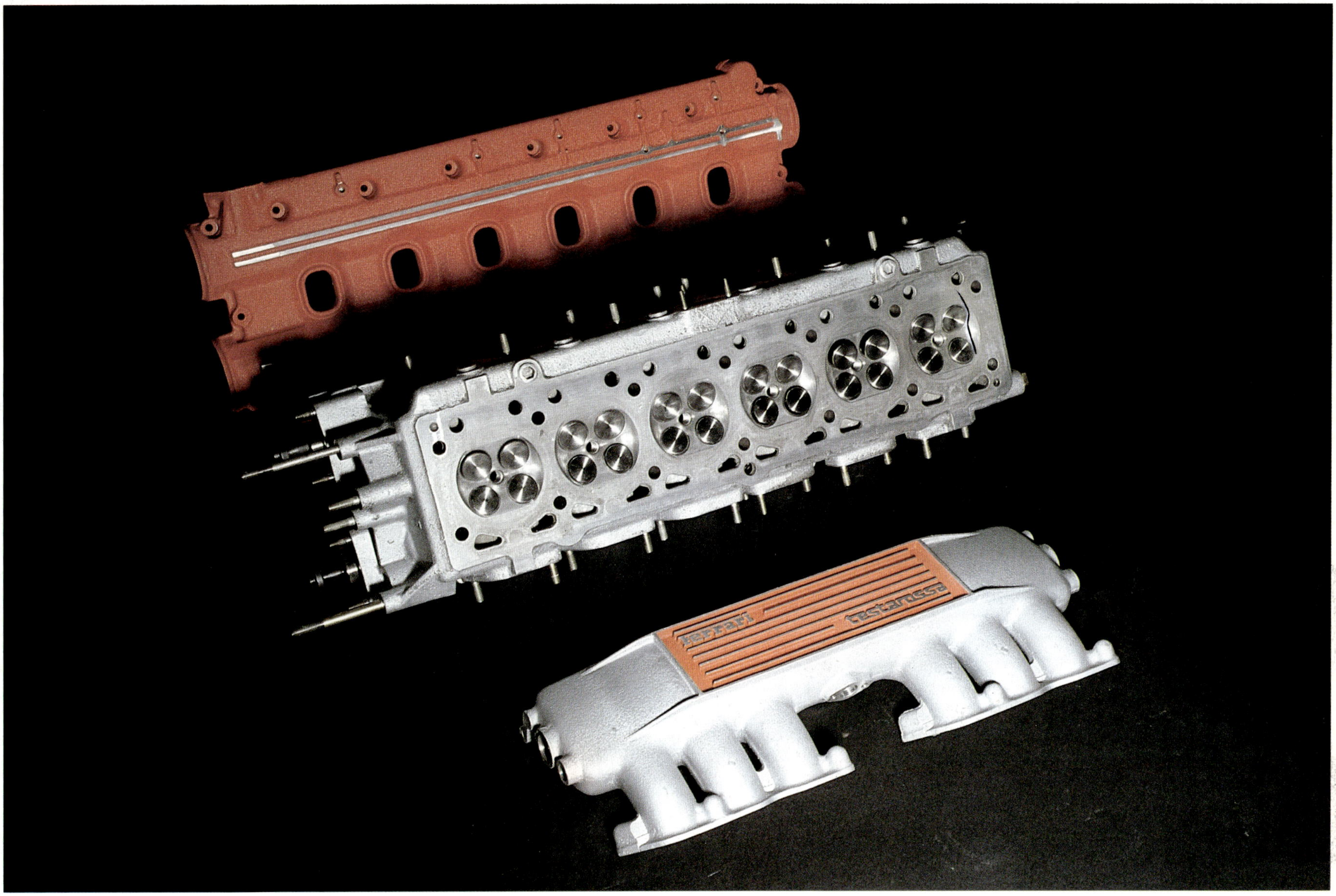

In primo piano il collettore di aspirazione, in secondo piano la testata dal lato della camera di scoppio con quattro valvole per cilindro allineate due a due. Sullo sfondo il coperchio delle punterie.

Front, the intake manifold; further back, the cylinder head from the combustion-chamber side with four valves per cylinder aligned in pairs. Back, a tappet cover.

Au premier plan, le conduit d'aspiration; au deuxième plan, la culasse, côté chambre de combustion, avec quatre soupapes par cylindre alignées par paires. Au fond, le couvercle des soupapes.

La sospensione posteriore a quadrilateri deformabili con doppi ammortizzatori idraulici telescopici e molloni elicoidali coassiali. Il freno a disco è di tipo ventilato con pinza a quattro cilindretti.

The rear suspension of deformable quadrilaterals with dual telescoping hydraulic shock-absorbers and coaxial coil springs. The disk brake is self-vented with a four-cylinder caliper.

La suspension arrière à quadrilatères déformables, avec les doubles amortisseurs hydrauliques télescopiques et les ressorts hélicoïdaux coaxiaux. Les freins à disque sont du type ventilé avec étrier à quatre pistons.

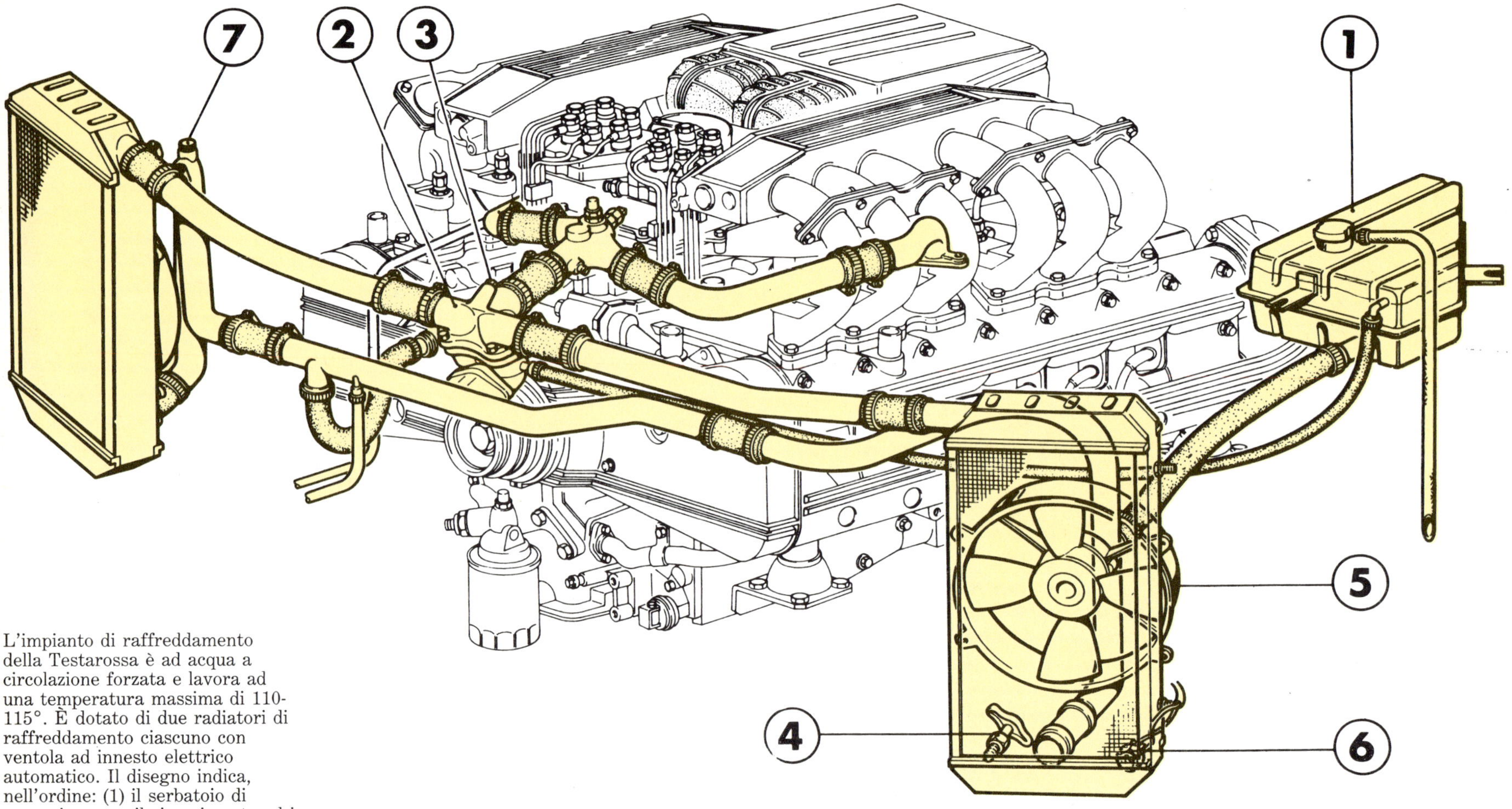

L'impianto di raffreddamento della Testarossa è ad acqua a circolazione forzata e lavora ad una temperatura massima di 110-115°. È dotato di due radiatori di raffreddamento ciascuno con ventola ad innesto elettrico automatico. Il disegno indica, nell'ordine: (1) il serbatoio di espansione per il riempimento ed i rabbocchi; (2) il termostato by-pass; (3) la vite per lo spurgo dell'aria; (4) il rubinetto per lo scarico dell'acqua; (5) i motorini elettroventilatori; (6) il termocontatto per l'azionamento delle ventole; (7) il tappo per lo spurgo.

The Testarossa has a forced-water cooling system which works at a maximum temperature of 110-115°C. It has two radiators each with an automatic-starting electric fan. The drawing indicates, in order: (1) the expansion tank for filling and topping off; (2) the by-pass thermostat; (3) air bleeder valve; (4) water discharge valve (5) fan motors; (6) thermal contact for activating fans; (7) drain plug.

Le système de refroidissement de la Testarossa est à eau à circulation forcée et travaille à une température maxi de 110-115°C. Il comprend deux radiateurs de refroidissement, chacun avec son ventilateur à enclenchement électrique automatique. Le croquis indique dans l'ordre: (1) le réservoir d'expansion pour le ravitaillement; (2) le thermostat by-pass; (3) la vis de vidange de l'air; (4) le robinet de vidange de l'eau; (5) les moteurs des ventilateurs électriques; (6) le contact thermique pour actionner les ventilateurs; (7) le bouchon de vidange.

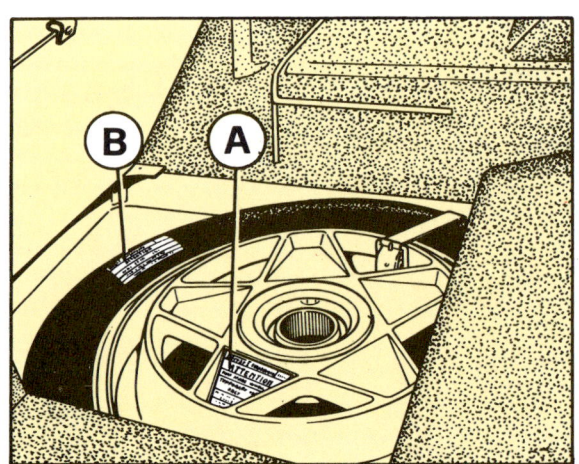

Il pneumatico di scorta è di dimensioni ridotte e si trova nel bagagliaio, sotto al rivestimento. Sul cerchione è stata applicata una targhetta (A) che specifica come utilizzare correttamente la ruota, mentre sul pneumatico (B) viene indicata la pressione di utilizzo (4,2 bar). L'uso della ruota di scorta è consentito solo per brevi percorsi e a velocità limitata.

The reduced-size spare tire is located in the front baggage compartment, beneath the carpeting. A plaque (A) on the wheel explains how to use the spare correctly, while the air pressure (4.2 bars) is shown on the tire. The spare tire may only be used for short distances at low speed.

Le pneumatique de réserve a des dimensions réduites et se trouve dans le coffre à bagages à l'avant, au-dessous du tapis de revêtement. La jante porte une plaquette (A) qui indique comment monter correctement la roue, tandis que la pression d'utilisation (4,2 bar) est indiquée sur le pneumatique. L'utilisation de la roue de secours n'est possible que sur de courtes distances et à vitesse réduite.

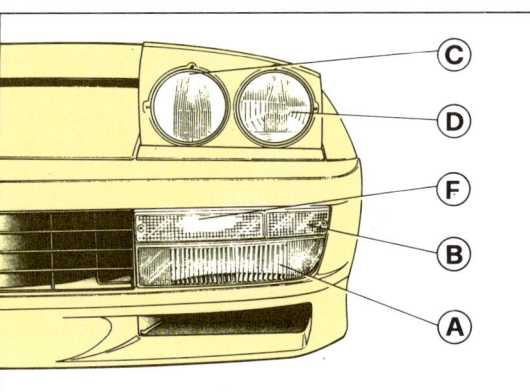

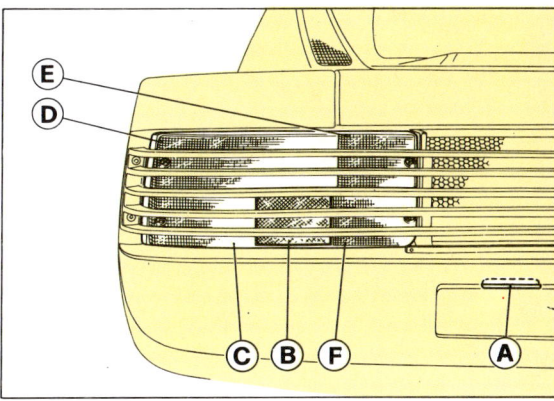

I proiettori (C indica l'anabbagliante e D l'abbagliante) sono del tipo a scomparsa per migliorare l'estetica del frontale e per diminuire la resistenza dell'aria durante il giorno. Per il lampeggio diurno sono previsti proiettori supplementari (A) sopra ai quali si trovano gli indicatori di direzione (B) e le luci di posizione (F).

The headlamps (C indicates low beam, D high beam) are the hideaway type to improve the appearance of the front end and dimish air resistance during the day. For daytime blinking there are supplementary headlamps (A); above them, the turn signals (B) and parking lights (F).

Les feux (C indique les feux de route et D les feux de croisement) sont du type escamotable afin d'améliorer la ligne du museau et de réduire la résistance à l'air de jour. Des feux supplémentaires (A) sont prévus pour les appels de phare; au-dessus, les indicateurs de direction (B) et les feux de position (F).

I gruppi ottici posteriori sono protetti da una griglia nera a listelli orizzontali che conferisce maggiore aggressività alla coda. La targa viene illuminata dalla luce (A), mentre (B) indica il catadiottro, (C) la luce di posizione e stop, (D) il lampeggiatore, (E) la luce di retromarcia, (F) il fanale antinebbia.

The rear lighting groups are protected by a black grill with horizontal strips which makes the tail more aggressive. The license plate light is (A), while (B) indicates the reflector, (C) the parking and brake light, (D) the turn signal, (E) the back-up light and (F) the rear fog light.

Les feux arrière sont protégés par une grille noire à listeaux horizontaux, ce qui augmente l'agressivité de l'arrière. La plaque minéralogique est éclairée par la lumière (A), tandis que (B) indique le catadioptre, (C) les feux de position et de stop, (D) le clignotant, (E) le feu de recul et (F) le feu de brouillard.

Testarossa: la prova su strada
di Stefano Pasini

Non si sono ancora spenti gli echi delle trionfali accoglienze riservate alla GTO, e già la Ferrari ha compiuto un altro passo nel rinnovamento della sua gamma per la fine degli anni Ottanta: ecco, dunque, l'erede della Berlinetta Boxer, la vettura che rappresenta il nuovo capolavoro di Maranello.

A differenza della GTO, la cui produzione è stata sin dall'inizio inderogabilmente ristretta a sole 200 unità, la nuova nata sarà fabbricata fino a che la clientela la richiederà. La meccanica deriva più o meno direttamente da quella della BB, la carrozzeria è firmata da Pininfarina, il nome proviene dall'albo d'oro della mitologia Ferrari (ma non è esattamente il mitico Testa Rossa d'un tempo, ora è tutto attaccato, Testarossa): un cocktail che non può mancare di promettere grandi emozioni. La nuova berlinetta Ferrari! Il solo pensiero fa tremare i polsi degli intenditori, specialmente se si parla della nuova 12 cilindri. E di promesse, la scheda tecnica ne fa molte: 12 cilindri a 180°, 4942 cc, 390 cavalli a 6300 giri/minuto, velocità massima di oltre 285 km/h, un tempo da 0 a 100 km/h di 5,8 secondi. Ce n'è abbastanza per rendere la prova di questa vettura un appuntamento a cui andare con il vestito (ed il piede destro) della festa.

A dire il vero, vista per la prima volta nelle sue lamiere, la Testarossa lascia un po' interdetti. L'impressione che ci si costruisce dalle fotografie, di una mole ciclopica ed ingombrante, viene nettamente ridimensionata: la Testarossa non è certo un go-kart, e la sua carreggiata posteriore è di ben 1660 millimetri, eppure, per qualche ragione, l'ingombro della vettura appare un filo meno soddisfacente di quello, elegante eppure poderoso, della BB che deve rimpiazzare. Girando attorno ad essa si apprezza soprattutto l'estetica meravigliosamente riuscita della parte posteriore, con un pannello di coda pulito ed elegante, che valorizza la abbondante carreggiata traducendola in una appropriata impressione di forza bruta. La lavorazione del cofano motore è bellissima, anche se la gobba che vi spunta in mezzo è fin troppo grande e rossa per essere davvero elegante. Per la fiancata, i gusti di ogni appassionato avranno da dire qualcosa: chi amerà follemente il caratteristico disegno a

Testarossa: on the Road
by Stefano Pasini

The echoes of the triumphant acceptance of the GTO have yet to die away, and already Ferrari has taken the next step in the renewal of its range for the late 80's: here, therefore, is the heir to the Berlinetta Boxer, the new masterpiece of Maranello. Contrary to the GTO, for which production was limited from the beginning to 200 units, the newborn will be built as long as the clientele requests it; its mechanicals are derived more or less directly from those of the B.B., its bodywork is signed Pininfarina, its name descends from the golden annals of Ferrari mythology (but it is not exactly the mythical Testa Rossa of yore; now it is all one word, Testarossa). A blend that cannot fail to promise great emotions. The new Ferrari berlinetta! Just the thought causes the hands of connoisseurs to tremble, especially if the new 12-cylinder is invoked. And the technical spec sheet paints a promising picture: 180° V-12, 4942 cc, 390 HP at 6300 rpm, top speed over 285 kph, 0-100 kph in 5.8 seconds. That is enough to make you go to the test-drive of this car in your best Sunday suit (and right foot).

To tell the truth, seen for the first time in person, the Testarossa leaves one a little disconcerted. The impression one forms from the photographs, of a cyclopic, bulky mass, is completely redimensioned: the Testarossa is certainly no go-kart, and its rear track is no less than 1660 mm, yet, for some reason, the size of the car seems a hair less satisfying than the elegant yet powerful bulk of the BB which it must replace. Walking around it we especially appreciate the marvelously designed rear section, with its clean, elegant tail panel, which enhances the abundant track transforming it into an appropriate impression of brute force. The work on the engine lid is beautiful, even though the hump sitting in the middle of it is too large and red to be truly elegant. As to the side panel, the tastes of each Ferrari-lover will have something to say: some will madly love the characteristic grater design, others will find it too showy, and we are among this latter group. Pininfarina, however, forced to draw in as much air as possible behind the door, to the radiators, that is, had no other choice but to place a large NACA intake on the side, and, since it would have been too "nude" left unadorned, he opted for an undoubtedly interesting, though a little

Testarossa: sur la route
par Stefano Pasini

L'écho de l'accueil triomphal réservé à la GTO ne s'est pas encore éteint que Ferrari a déjà fait un nouveau pas dans le renouvellement de sa gamme pour la fin des années 80: voilà donc l'héritière de la Berlinetta Boxer, le nouveau chef-d'oeuvre de Maranello.

A la différence de la GTO, dont la production avait été dès le début impérativement limitée à 200 exemplaires, la dernière-née sera produite tant qu'il y aura de la demande. Sa mécanique dérive plus ou moins directement de celle de la BB, sa carrosserie est signée Pininfarina et son nom est tiré du livre d'or de la mythologie Ferrari. (Ce n'est pas tout à fait la mythique Testa Rossa, et de fait aujourd'hui on l'écrit Testarossa).

Un cocktail qui ne peut que promettre de fortes émotions. La nouvelle berlinette Ferrari! Cette seule pensée fait vibrer le coeur des connaisseurs, surtout quand on parle de la nouvelle 12 cylindres. Et des promesses, la fiche technique en fait beaucoup: 12 cylindres à 180°, 4942 cc, 390 ch à 6300 tr/mn, vitesse de pointe dépassant 285 km/h, 5,3'' de 0 à 100 km/h. Cela suffit pour transformer l'essai de cette voiture en un véritable rendez-vous de fête. En smoking, bien sûr!

A vrai dire, quand on voit pour la première fois sa silhouette, la Testarossa laisse un peu perplexes. L'impression d'une masse imposante et encombrante que l'on se fait d'après les photos est nettement atténuée: la Testarossa n'est certes pas un gokart et sa voie postérieure a une largeur de 1660 millimètres; pourtant, sans que l'on sache exactement pourquoi, les lignes de la voiture apparaissent un peu moins satisfaisantes que celles — puissantes mais élégantes — de la BB qu'elle est appelée à remplacer. En tournant autour, on apprécie surtout la ligne très brillante de l'arrière avec son panneau sobre et élégant qui met en valeur la large voie en donnant une impression de force brute. La ligne du capot est splendide même si le renflement qui trône en son milieu est un peu trop important et rouge pour être vraiment élégant. Pour les flancs, selon ses propres goûts, chacun aura quelque chose à dire: les uns adoreront les rainures caractéristiques, les autres (et nous nous rangeons parmi eux) les jugeront trop voyantes. D'autre part, obligé à canaliser le

grattugia, chi invece ne discuterà la eccessiva vistosità, e noi siamo fra questi ultimi. D'altronde Pininfarina, costretto a convogliare quanta più aria possibile dietro allo sportello, cioè ai radiatori, non aveva altra scelta che mettere una grande presa NACA sulla fiancata, e visto che lasciata disadorna sarebbe stata troppo "nuda", ha optato per un tipo di decorazione indubbiamente interessante, se pure un po' esuberante. Il frontale, invece, fa decisamente rimpiangere la bellezza della BB con il leggero rialzo dei passaruota e la grande presa d'aria col cavallino in mezzo. Qui l'unica parentela stilistica effettivamente apprezzabile è quella con la piattissima Mondial, e l'assenza di un qualche dettaglio distintivo fa di questa vista frontale una vista deludente nella sua eccessiva pulizia. Inoltre la presa d'aria centrale è finta, nella griglia manca il cavallino rampante (costava così tanto metterlo, magari come optional da poche migliaia di lire?), e certo non basta il buon disegno del parabrezza e dei passaruota per restituire grinta a questo frontale. Quanto allo specchietto, sporgente

exuberant, type of decoration. The front end, however, makes us truly regret the beauty of the BB, with its slight rise of the fenders and large air intake with the horse in the middle. Here the only stylistic parentage really appreciable is that with the super-flat Mondial, and the absence of any distinctive detail makes this front view disappointing in its excessive cleanness. Moreover, the central air intake is fake, the grill lacks the prancing horse (did it cost so much to put it there, as an optional for a few thousand liras, perhaps?), and certainly the good design of the windshield and fenders is not sufficient to lend aggressiveness to this front end. As for the

plus d'air possible vers les radiateurs positionnés derrière les portières, Pininfarina n'avait d'autre choix que celui de mettre une grosse prise NACA sur le flanc et, vu qu'elle aurait été un peu trop "nue" s'il l'avait laissée telle quelle, il a opté pour un élément décoratif indéniablement intéressant, bien qu'un peu trop tapageur. Le museau, par contre, fait décidément regretter la beauté de la BB, avec le léger renflement des passages de roue et la grosse prise d'air ornée du cheval rampant. La parenté avec la toute plate Mondial — la seule effectivement appréciable d'un point de vue stylistique — et le manque de tout détail caractérisant font que, vu de face, le

dal montante del lato guida come una strana escrescenza vegetale, è semplicemente brutto e viene voglia di lavorarci un po' sopra di seghetto per eliminare definitivamente questa specie di polipo sessile. Belli sono invece gli elementi di fanaleria, ottimi i pneumatici Michelin TRX, stupendi i cerchi a stella con cinque punte. Anche la chiave d'avviamento è bella, bizzarra, snodata, con un bel cavallino sopra. È il passaporto per la prova di questa nuova bestia di Maranello, ma prima bisogna prendere un po' la mano ai comandi ed agli strumenti. Aprire la portiera rivela una novità non piacevole; è infatti sparita una antica e molto amata caratteristica delle

rearview mirror, sticking out of the doorpost on the driver's side like some plant growth, it is simply ugly and makes us want to work on it a little with a hacksaw to eliminate definitively this sort of stemless polyp. The lighting elements, however, are nice, excellent the Michelin TRX tires, stupendous the five-pointed-star wheels. The ignition key is also beautiful, bizarre, jointed, with a nice horse on it. It is the passport for the test-drive of this new beast from Maranello, but first we must get a little used to the controls and instruments. Opening the door reveals an unpleasant new feature; an old, much loved characteristic of the Ferrari doors has disappeared, in fact:

museau est décevant dans son excessive sobriété.
En outre, la prise d'air centrale est postiche et le cheval rampant est absent de la grille (pourquoi donc ne pas l'offrir, même en option, pour quelques milliers de lires?) et la belle ligne du pare-brise et des passages de roue ne suffit pas à restituer un peu de brio à ce museau. Quant au rétroviseur, sortant du montant gauche côté conducteur comme une étrange excroissance végétale, il est tout simplement laid et donne envie de jouer de la scie pour éliminer définitivement cette espèce de polype sessile. Les feux, eux, sont beaux; les pneumatiques Michelin TRX excellents; les jantes en étoile à cinq branches superbes.
La clé de contact, elle aussi, est belle, étrange, articulée et porte un beau cheval rampant. C'est le passeport pour essayer la nouvelle "pouliche" de Maranello, mais il faut d'abord se faire un peu la main aux commandes et aux instruments. En ouvrant la portière on tombe sur une nouveauté peu agréable; une caractéristique des portières Ferrari, aussi ancienne qu'appréciée, a en

portiere Ferrari, quella meravigliosa maniglietta aerodinamica che graziava, ad esempio, la BB e tuttora si trova sulla GTB. Anche nel sottoporta, di forma spiccatamente triangolare, c'è una bella scritta Ferrari: l'ingresso a bordo è forse un poco meno agevole che nella BB, e sono scomparsi anche i vecchi sedili con gli inserti traforati a favore di strutture di più moderno design; i poggiatesta sono brutti, troppo larghi e con un un cavallino (inutile) al centro. Bello il volante, di diametro giusto e con una corona di spessore perfetto; meno bello il cruscotto dell'esemplare in prova, dato che qualcuno dovrebbe spiegare a Maranello che il rosso della carrozzeria si sposa maluccio con il marrone scuro. Colore a parte, però, il pannello degli strumenti principali è molto ben realizzato: giustamente sono in particolare evidenza contagiri e contachilometri, assieme alla indicazione della pressione olio e della temperatura acqua. Una caratteristica ereditata dalla BB è la coppia di spie che, a destra del contagiri, segnalano la eventuale non perfetta chiusura dei due cofani, dato che un'apertura di questi grandi pannelli ad elevate velocità avrebbe effetti disastrosi. Adeguato anche il design della consolette centrale, con livello benzina, temperatura olio, orologio, contachilometri analogico, ed i vari comandi ausiliari per aria condizionata, cristalli elettrici, eccetera eccetera. Sopra a questa console troviamo lo stereo, occultato da un pannellino a scomparsa, ma questo interessa poco. Basta spegnerlo, e dimenticarsene: qui, la musica la deve fare solo il motore.

Per i comandi delle luci, del tergi e dei lampeggiatori, ci sono le classiche tre levette accanto al piantone dello sterzo; assolutamente perfetta la leva del cambio, in acciaio cromato con pomello sferico, bello serio, proprio come si conviene ad una GT seria. Ci vuole qualche minuto, litigando con i vari sistemi di regolazione, per trovare la posizione giusta di guida; l'impressione è che i sedili siano scomodi, cioè disegnati da qualcuno che ha letto qualche testo di anatomia prima di sfogliare i vari trattati sulla architettura degli interni delle automobili, e l'unica cosa che manca è un po' più di spazio sopra al cuoio capelluto, dato che qui si inizia a sentire una certa familiarità con gli spazi discretamente limitati in senso verticale della Lamborghini Countach. Impressione rafforzata dal fatto che i passaruota anteriori sporgono all'interno dell'abitacolo in maniera fastidiosa, e la piccola consolle montata sul cielo del tetto, con qualche comando secondario à *la Miura*, appare ogni tanto un po' troppo vicina alla testa del pilota. Completate tutte le tappe obbligatorie prima di prendere il via, si può avviare il motore. Il quale risponde con magnifica prontezza al

that marvelous aerodynamic door handle which graced, for example, the BB and is still present on the GTB. Even on the doorsill, of a striking triangular shape, there is a nice Ferrari inscription: getting in is perhaps a little less easy than in the BB, and the old seats with the perforated inserts have also disappeared in favor of structures of more modern design; the headrests are ugly, too wide and with a horse emblem (useless) in the center. The steering wheel is handsome, of the right diameter and with a rim of perfect thickness; not so the dashboard of the test car, since someone should explain to Maranello that the red of the bodywork does not go well with dark brown. Apart from the color, however, the panel with the main instruments is quite well done: the speedometer and tachometer are justly much in evidence, together with the oil-pressure and water-temperature indicators. One feature inherited from the BB is the pair of warning lights, to the right of the tachometer, which indicate if the engine or trunk lids are imperfectly closed, since the opening of these large panels at high speed would have disastrous effects. The design of the central console is also adequate, with fuel level, oil temperature, clock, analogue odometer and the various auxiliary controls for air-conditioning, electric window-lifts, etc. Above this console we find the stereo, concealed by a hide-away panel, but this is of little interest. Just turn it off and forget it: here, music must be made only by the engine.

For controlling the lights, windshield wipers and turn signals, there are the three classic levers on the steering column; the gearshift lever is absolutely perfect, of chromed steel with spherical knob, nice and serious, as befits a serious GT. It takes a few minutes of fighting with the various adjustment systems to find the proper driving position; the impression is that the seats are comfortable, designed, that is, by someone who read some texts on anatomy before leafing through the various manuals on the architecture of automobile interiors, and the only thing missing is a little more space above the scalp, since here we begin to feel a certain familiarity with the relatively limited vertical spaces of the Lamborghini Countach. This impression is reinforced by the fact that the front wheel wells project annoyingly inside the cockpit, and the small console mounted on the ceiling, with some secondary controls à *la Miura*, sometimes seems a little too close to the driver's head. After completing all the mandatory manoeuvres before taking off, we can start up the engine. It responds with magnificent promptness at the first turn of the key: thanks to the Bosch K-Jetronic electronic injection, and the electronic ignition control (Marelli Microplex), we hear a far-off roar,

effet disparu; cette superbe petite poignée aérodynamique qui ornait la BB et que l'on trouve encore sur la GTB. Le soubassement de forme nettement triangulaire porte la belle inscription Ferrari; l'accessibilité est sans doute un peu moins aisée que dans la BB et les anciens sièges ajourés ont été remplacés par des structures d'un design plus moderne; les appuis-tête sont laids, trop larges et avec un cheval inutile au centre. Le volant est beau, de bon diamètre, la couronne a une épaisseur parfaite; le tableau de bord du modèle essayé est un peu moins beau: il faudrait qu'on explique à Maranello que le rouge de la carrosserie se marie plutôt mal au marron foncé. La couleur mise à part, la planche des instruments principaux est fort bien réalisée: le compte-tours et le compteur de vitesse sont bien mis en évidence ainsi que l'indicateur de la pression de l'huile et celui de la température de l'eau. Héritage de la BB, les deux voyants à droite du compte-tours signalent quand les deux capots sont mal fermés: l'ouverture de ces deux grands panneaux à forte vitesse aurait des conséquences désastreuses. La ligne de la console centrale est harmonieuse, elle regroupe le niveau d'essence, la température de l'huile, la montre, et les différentes commandes auxiliaires pour l'air conditionné, les lève-vitres électriques, et coetera. Cachée par un panneau escamotable, la radio domine la console. Mais ce détail ne nous intéresse pas. Il suffit de l'éteindre et de l'oublier: ici, seul le moteur doit chanter.

Les feux, les essuie-glaces et les clignotants sont commandés par les classiques trois leviers sur le côté de la colonne de direction; le levier de vitesses est absolument parfait, en acier chromé à pommeau sphérique, important, comme il convient à une GT importante. Il faut se battre quelques minutes avec les différents systèmes de réglage avant de trouver la bonne position de conduite; les sièges donnent l'impression d'être confortables c'est-à-dire dessinés par quelqu'un qui a dû lire quelques textes d'anatomie avant de feuilleter les différents traités sur l'architecture des intérieurs de voiture; la seule chose qui manque, c'est quelques centimètres de plus au niveau du cuir chevelu, et là on commence à découvrir un certain air de famille avec l'habitabilité plutôt réduite dans le sens vertical de la Lamborghini Countach. Cette impression est renforcée par les passages de roue avant qui envahissent l'habitacle de façon gênante et par la petite console au plafond qui, avec quelques commandes auxiliaires genre Miura, est parfois trop près de la tête du pilote.

Une fois terminées toutes les opérations nécessaires avant de prendre le départ, on peut démarrer le moteur qui répond au quart de tour, grâce aussi à l'injection

primo giro di chiavetta: grazie all'iniezione elettronica Bosch K-Jetronic, ed al controllo elettronico dell'accensione (Marelli Microplex), si sente un ruggito in lontananza, sempre contenuto, la lancetta del contagiri fa un breve balzo a tremila giri e quindi si stabilizza poco sopra a mille giri, un regime di minimo un po' accelerato fino a che non si raggiunge una temperatura di normale funzionamento. E, dal momento che un vecchio comandamento dei santoni delle GT ordina di attendere che l'ago della temperatura acqua si stacchi dal fondo corsa inferiore prima di muoversi, c'è ancora tempo per notare che la rifinitura della pelle dell'interno è molto accurata, il colore dei pellami è perfettamente combinato, e che lo spazio dietro ai sedili è a malapena sufficiente per metterci una giacca. L'idea della Ferrari rimane sempre quella, già proclamata con la BB, che chi ha questa vettura deve girare con la stessa Lacoste per tutti i giorni che se ne sta in giro, dato che nel bagagliaio ci si può giusto infilare il beauty-case di una signorina non troppo sofisticata, e lo stesso set di valige su misura (di forma comunque bizzarra più del lecito) non vi fanno andare più in là di un semplice cambio di biancheria per un fine settimana. Oppure, al solito, mandate avanti la Range Rover con i domestici ed i bauli. Ma tanto queste sono riflessioni oziose: ancora una volta, ciò che conta è l'asfalto, ed il modo nel quale questa Testarossa se lo lascia alle spalle. E così, con piglio eroico, si preme il pedale della frizione (che è di durezza contenuta entro limiti più che accettabili), si impugna la familiare leva del cambio, si fa un minimo di forza per fare scorrere la stessa nel primo alloggiamento in basso a sinistra, e con un soffio di acceleratore si è in movimento. Delicatamente, senza sussulti, con una dolcezza di una buona berlina da viaggio, e non troviamo miglior complimento da fare a chi, su queste vetture, ha cercato di combinare sin dal progetto prestazioni e comodità. È importante invece fare l'occhio subito alla notevole larghezza della Testarossa, che dall'interno è facile sottovalutare; proprio come succede con le Countach S, o con le Porsche 930, il punto delicato è costituito dai larghi passaruota posteriori, e nel fare un passaggio disinvolto fra due vetture parcheggiate rischiate di lasciare per terra qualche pezzo, in questo caso un listello della grattuglia laterale, dopodiché il vostro carrozzaio può permettersi di andare sei mesi in vacanza alle Bahamas. La visibilità tutt'attorno è discreta, se non certo eccezionale, come è giusto che sia in una GT di altissime prestazioni; l'unico punto un po' debole è l'angolo posteriore destro, per esplorare il quale non c'è neppure il modesto aiuto di uno specchietto. Del resto, l'importante è

always limited, the tachometer needle jumps briefly to 3000 rpm or just under and then stabilizes just over 1000, a slightly accelerated idle speed until normal running temperature is reached. And, since an old commandment of the GT gurus orders us to wait until the water temperature needle budges off the bottom before moving off, there is still time to note that the leather upholstery of the interior is quite well done, the color of the leathers is perfectly matched, and that the space behind the seats is barely large enough to hold a jacket. The idea of the Ferrari is the same as proclaimed with the BB, that the owner of this car wears the same Lacoste for all the days he is out, since in the baggage compartment there is just enough room for the beauty-case of a not-too-sophisticated young lady, and the set of tailor-made luggage (of an untowardly bizarre shape) does not let you go farther than a simple change of underwear for the weekend. Or, as usual, send ahead the Range Rover with servants and steamer trunks.
But these are just leisurely reflections: once again, what counts is the asphalt and the way in which this Testarossa leaves it behind. And so, with heroic *élan*, we push down the clutch pedal (which has a stiffness well within acceptable limits), grip the familiar shift lever, make a minimum effort to slide it into the first slot bottom left, and with a touch of accelerator we are in motion. Delicately, without humping, with the sweetness of a good road sedan, and we find no greater compliment for those who with these cars sought to combine from the design stage performance and comfort. It is important, however, to get used to the considerable width of the Testarossa, which from the interior is easy to underestimate; just as with the Countach S, or with the Porsche 930, the delicate point is the wide rear fenders, and passing lightheartedly between two parked cars you risk leaving some pieces on the road, in this case a strip of the side grater, after which your bodyshop owner can afford a six-month vacation in the Bahamas. The visibility all around is not bad, though certainly not exceptional, as is proper in a high-performance GT; the only weak point is the right rear corner, without even a mirror to help explore it. But the important thing is to have good forward visibility. Very few, in fact, are going to bother you by coming up behind you.
The engine has one quality that makes a power plant of this type great: it knows how to keep its place, do its duty, in other words. It does not belong to that mythological family that expressed itself with roars, rumbles, angry outbursts and, sometimes, even sobs of agony: this 12-cylinder is quiet, obliging, propels the

électronique Bosch K-Jetronic et au contrôle électronique de l'allumage (Marelli Microplex). On entend alors un rugissement au loin, toujours contenu, l'aiguille du compte-tours fait un léger bond à près de 3000 tours avant de se stabiliser un peu au-dessus de 1000 tours, jusqu'à ce qu'on atteigne la température de fonctionnement normal. Et puisque un ancien commandement des pontifes de la GT ordonne d'attendre que l'aiguille de la température de l'eau monte un peu avant qu'on parte, on a encore le temps de noter que les finitions du cuir sont très soignées, les tons se mariant d'une façon parfaite et que l'habitabilité arrière est pratiquement inexistante, juste de quoi poser sa veste. Ferrari est toujours de l'idée, déja affichée avec la BB, que le propriétaire d'une telle automobile doit porter la même Lacoste pendant toute la durée de son voyage, fût-il de plusieurs jours, car le coffre à bagages peut tout juste contenir le beauty-case d'une jeune femme pas trop sophistiquée; même le jeu de valises sur mesure (de forme bizarre comme ce n'est pas permis) ne contient guère plus que la lingerie de rechange pour un week-end. Ou bien, comme d'habitude, faites-vous précéder par la Range Rover portant domestiques et bagages.
Mais toutes ces réflexions sont parfaitement oiseuses: encore une fois, ce qui compte c'est l'asphalte et la façon dont cette Testarossa l'avale. Et c'est ainsi que, d'un pied héroïque, on appuie sur la pédale d'embrayage (dont la dureté est tout à fait acceptable), on empoigne le classique levier de vitesse, avec un minimum d'effort on l'engage en bas à gauche de la grille, un très léger coup d'accélérateur et on roule... délicatement, sans à-coups, avec la douceur d'une bonne berline de voyage, et c'est le meilleur compliment qu'on puisse faire à qui a tout fait sur cette voiture pour conjuguer, dès le projet, performances et confort. Il est important, par contre, de s'habituer immédiatement à la largeur considérable de la Testarossa qu'il est facile de sous-estimer de l'intérieur; exactement comme pour les Countach S ou les Porsche 930, le point délicat est constitué par les larges passages de roue arrière: en se faufilant entre deux voitures garées on risque d'en laisser quelques morceaux sur le terrain, dans ce cas précis un profil de la rainure latérale, après quoi votre carrossier peut se payer six mois de vacances aux Bahamas. La visibilité tout autour est bonne sans être exceptionnelle, comme c'est la règle dans une GT de très haut niveau; le seul point un peu faible c'est l'angle arrière droit qui, pour être exploré, ne bénéficie même pas de l'aide d'un modeste rétroviseur. D'ailleurs, l'essentiel c'est de bien voir devant, ceux qui peuvent vous inquiéter en arrivant derrière vous étant fort rares.

vedere bene davanti. Ben pochi, infatti, sono quelli che vi possono preoccupare arrivandovi alle spalle.

Il motore ha una qualità di quelle che fanno davvero grande un propulsore di questo tipo: sa stare al posto suo, fa il suo dovere insomma. Non è più di quella famiglia di stampo mitologico che si dichiarava con ruggiti, boati, scoppi d'ira e, talvolta, anche singhiozzi agonici: questo dodici pistoni è quieto, servizievole, propelle con accurata levigatezza la Testarossa ad ogni velocità legale, assistito in questo da un telaio dotato di ottime sospensioni, che assorbono con discreta efficienza le asperità del fondo. Anche in città, fino a ieri un punto debole dell'uso delle più potenti GT di Maranello, la facilità d'uso della Testarossa è notevole; nessun problema di scontrosità, basta dosare con cura il piede destro e il resto è una meraviglia. Naturalmente, se una GTB o anche una GTO possono essere quasi usuali nel traffico di una metropoli (solo per l'antica sagoma familiare della GTB, s'intende), l'apparire della Testarossa non passa certo inosservato. Merito, senza dubbio, della grattuglia laterale, che evoca in Emilia appetitose immagini di tagliatelle; e queste ultime, assieme al Cavallino, rappresentano i principali affetti del 97% degli emiliani (non a caso, a poca distanza da Maranello nasce il Parmigiano-Reggiano). Comunque un rapido passaggio per il centro di Modena vi convincerà del generale apprezzamento che la Testarossa riscuote nel cuore del pubblico. (Da queste parti, più si bestemmia, più si manifesta apprezzamento per l'oggetto in questione. Attorno ad una Testarossa parcheggiata si levano cori che fanno tremare le guglie della Ghirlandina).

Naturalmente, è folle pensare di spremere una vettura di questo tipo su strade provinciali; meglio iniziare con una sgroppata autostradale, tanto per vedere cosa fa lo sterzo, se i cilindri vanno anche a tutto volume e se i freni sanno fare il loro mestiere. E qui, che è poi il vero terreno a cui è destinata, la Testarossa non delude. Facendo salire l'ago del contagiri il motore eroga la sua potenza con il già notato garbo iniziale, ma diventa gradatamente sempre più violento, fino a che, sopra ai quattromila giri, ci si ricorda di essere sopra ad una Ferrari. Allora, se siete abbastanza arditi, potete pure cacciare dentro una marcia inferiore, porre velocemente il pedale dell'acceleratore a contatto con il pavimento e godervi il sempre emozionante calcio nello stomaco che la Testarossa vi somministra senza remore; fino a 6500 giri è una notevole, velocissima progressione, che vi fa apparire il resto della circolazione molto statico. Ma anche a questo elevato regime di rotazione il motore rimane al suo posto; pur producendo un notevole, musicale fragore,

Testarossa with precise smoothness at all legal speeds, assisted in this by a chassis with excellent suspensions which absorb road roughness with discrete efficiency. Even in the city, till now a weak point of the more powerful GT's from Maranello, the Testarossa is significantly easy to drive; no problem of touchiness, just control the right foot carefully and the rest is marvelous. Naturally, though a GTB or even a GTO (only because it has the old familiar shape of the GTB, of course) may seem usual in city traffic, the appearance of a Testarossa certainly does not pass unobserved. This is the merit, undoubtedly, of the side grater, which in Emilia evokes appetizing images of *tagliatelle*, which, together with the prancing horse, account for the principal loves of 97% of the Emilians (it is no coincidence that Parmigiano Reggiano is made just a short distance from Maranello). In any case, a rapid drive through the center of Modena will convince you of the general appreciation which the Testarossa provokes in the hearts of the public. (In these parts, the more you blaspheme the more you show your appreciation for the object in question. Around a parked Testarossa a chorus of voices rises that would make the cathedral spires tremble). Naturally, it is foolish to think of pushing a car like this on local roads; better to start with a highway gallop, to see how the steering behaves, whether the cylinders also go at full speed and whether the brakes do their job. And here, which is the true ground it was intended for, the Testarossa is no disappointment. Driving up the tachometer needle, the engine puts out its power with the initial smoothness already noted, but it gradually becomes more violent until, above 4000 rpm, we remember we are driving a Ferrari. Then, if you are brave enough, you can drop into a lower gear, press the accelerator pedal quickly to the floor and enjoy the ever-exciting kick in the stomach which the Testarossa administers without hesitation; up to 6500 rpm it is a notable, rapid progression which makes the other traffic seem stationary. But even at this high revolution speed the engine stays in its place; though producing a significant, musical din, it does not become bothersome (some, in fact, believe that a Ferrari engine is *never* bothersome). At high speed the Testarossa shows good stability; a very slight lightening of the steering appears above 200 kph, but it is a limited thing. As for the brakes, essential if you wish to survive the treachery of others on the highway, they are exceptional: not overly light, they require exactly the right pressure to obtain the maximum braking efficiency, a nice touch on the pedal, determined but not inhuman. As for fatigue, they have no problem, which was to be expected

Le moteur possède une des qualités qui rendent un propulseur vraiment "grand": il sait tenir sa place, il fait son devoir en somme. Il ne fait plus partie de cette famille, désormais mythologique, qui se faisait remarquer par ses rugissements, ses vrombissements, ses éclats de colère et, parfois même, par ses sanglots d'agonie: ce douze pistons, lui, est tranquille et serviable, il propulse la Testarossa avec une docilité bien dosée à toutes les vitesses autorisées, assisté dans cette tâche par un châssis doté d'excellentes suspensions qui effacent efficacement les inégalités de la chaussée. Même en ville, jusqu'à hier talon d'Achille des grosses GT de Maranello, la Testarossa est extrêmement agréable; aucun problème de nervosité, il suffit de doser soigneusement l'effort du pied droit et le reste est une pure merveille. Naturellement, s'il n'est pas rare de rencontrer une GTB ou même une GTO dans la circulation d'une métropole (à cause de la silhouette familière de la GTB, bien sûr), l'apparition de la Testarossa ne passe certainement pas inaperçue. Le mérite en revient, sans aucun doute, aux fameuses rainures latérales qui, en Emilie, évoquent d'appétissantes images de "tagliatelle"; et celles-ci, avec le cheval rampant, sont les deux premiers amours de 97% des Emiliens (ce n'est pas un hasard si le parmesan ne naît pas loin de Maranello). Quoiqu'il en soit, un rapide passage dans le centre de Modène vous convaincra de la côte d'amour dont jouit la Testarossa dans le coeur des gens. (Par ici, plus on jure, plus on témoigne de l'amour pour l'objet en question. Autour d'une Testarossa garée se lèvent des choeurs à faire trembler les flèches de la Ghirlandina).

Naturellement, c'est pure folie que de penser à "pousser" cette voiture sur des départementales; il vaut mieux commencer par un trot d'essai sur l'autoroute, histoire de voir comment réagit la direction, si les cylindres marchent à plein régime et si les freins font bien leur travail. Et c'est sur ce terrain, auquel elle est destinée en réalité, que la Testarossa ne déçoit pas. En faisant grimper l'aiguille du compte-tours le moteur délivre sa puissance avec la docilité initialement constatée; mais il se fait progressivement de plus en plus violent, jusqu'à ce que, au-dessus de 4000 tours, vous vous rappeliez que vous êtes au volant d'une Ferrari. Alors, si vous êtes suffisamment hardi, vous pouvez engager le rapport inférieur, écraser la pédale de l'accélérateur au plancher et jouir du toujours surprenant coup de pied dans l'estomac que la Testarossa vous administrera sans retenue. Jusqu'à 6500 tours la progression est remarquable et tellement rapide que le reste de la circulation vous semblera figé. Mais même en tournant à ce régime élevé le moteur sait

esso non arriva a diventare fastidioso. (Qualcuno, del resto, ritiene che un motore Ferrari non sia *mai* fastidioso). In velocità, la Testarossa mostra una buona stabilità; un appena accennato alleggerimento dello sterzo compare sopra ai duecento, ma è cosa contenuta. Quanto ai freni, essenziali se si vuole sopravvivere alle incoscienze altrui sulle autostrade, sono eccezionali: non eccessivamente leggeri, richiedono esattamente la pressione giusta per ottenere il massimo dell'efficacia frenante, cioè una bella pedata decisa ma non disumana. Per quanto riguarda l'affaticamento, non hanno alcun problema, il che era da prevedere considerato l'abbondante dimensionamento di dischi (ventilati, con fori radiali grossi come gallerie) e pinze.

Uscendo dall'autostrada, ed avventurandosi su per i pendii appenninici, si apprezzano le qualità dello sterzo, bello diretto ma non troppo nervoso, aiutato in questo da un dimensionamento ottimale in tutti i sensi del volante. La tenuta di strada è formidabile, e non potrebbe essere altrimenti considerata la magnifica struttura delle sospensioni, gli ottimi pneumatici Michelin TRX e la pastosità del motore, che, privo com'è di picchi sgarbati, aiuta a dosare perfettamente la potenza in inserimento ed in uscita. L'impressione d'insieme è che, se forse la GTO ha un limite più alto, esso può essere raggiunto solo da piloti di grande esperienza e classe, mentre la Countach S, che con ogni probabilità è più veloce in ogni circostanza, fa pagare questa marginale superiorità al pilota in termini di affaticamento di guida, principalmente per la ridotta visibilità e per la notevole rigidità delle sospensioni, tarate nettamente 'racing'. La Testarossa invece, e qui sta il suo grande *atout*, raggiunge prestazioni fenomenali con facilità, quasi con naturalezza, e probabilmente potrebbe mettere in mostra qualità di tolleranza anche superiori ai limiti previsti, se il pilota non si trovasse prima o poi complessato dall'imponente costo di un simile macchinario, e dalla prospettiva di distruggerlo in una curva un po' troppo spensierata.

Al termine di una prova di questo tipo, sempre troppo breve, viene il tempo di fare qualche considerazione e trarre le debite conclusioni. La Testarossa è una grande automobile: è potente, stabile, molto ben frenata, con una eccellente tenuta di strada. È anche una vettura relativamente confortevole, ben costruita, che offre all'utilizzatore di mezza età qualcosa di più usabile della solita due posti secchi, scomoda e rumorosa, come la Ferrari ha prodotto in passato. Pur tuttavia, all'insieme di prestazioni notevolissime fanno da contraltare una estetica discutibile anche se indubbiamente personale, certe grossolanità di marketing (il caciaresco 'lancio' al Lido di

considering the abundant size of disks (vented with radial holes as large as tunnels) and calipers. Leaving the highway and venturing up the Apennine slopes, we appreciate the quality of the steering, nice and direct but not overly nervous, assisted in this by the optimal sizing of the wheel in all senses. Its roadholding is formidable, and it could not be otherwise considering the magnificent suspension structures, the excellent Michelin TRX tires and the mellowness of the engine, which, free as it is of rude peaks, helps to dose the power perfectly in acceleration and throttle-down. The overall impression is that, although perhaps the GTO has a higher limit, it can be reached only by drivers of great experience and class; the Countach S, which with all probability is faster in every circumstance, makes the driver pay for this superiority in terms of driving fatigue, mainly due to its reduced visibility and its extremely stiff suspensions, truly calibrated for racing.

The Testarossa, on the other hand (and this is its great trump card), achieves phenomenal performance with ease, almost with naturalness, and could probably demonstrate qualities of tolerance even greater than the projected limits, if the driver did not sooner or later suffer a complex over the imposing cost of such machinery, and the prospect of destroying it on a curve taken a little too leisurely.

At the end of a test drive like this, always too brief, the time comes to make some comments and draw the proper conclusions. The Testarossa is a great automobile: it is powerful, stable, brakes very well, holds the road extremely well. It is also a relatively comfortable car, well-built, which offers the middle-aged driver something more usable than the usual two-seater, uncomfortable and noisy, like Ferrari has produced in the past. This wonderful overall performance is contrasted, however, by its aesthetics, debatable though undoubtedly personal, and certain clumsy marketing moves (the hullabaloo "launch" at the Lido of Paris, the traditional name deformed in the new edition, the absence of the prancing horse on the grill) which cannot help but make old-school Ferrari-owners reflect. As for the competition, after discarding the impossible-to-find Vector CD, Sbarro Challenger, Jameson-Merlini and BMW M1, only two cars remain, but they are the *crème de la crème* of world motoring: the Porsche 911 Turbo and the Lamborghini Countach Quattrovalvole. Of these, the former is the most utilizable on all types of road, the fastest in acceleration, but also the slowest in terms of top speed and the most dangerous if taken to the limit; but it is also the most economical of this august trio. The Countach, on the other hand, is the fastest,

rester à sa place, tout en reproduisant un concert amplifié, musical, qui ne devient jamais gênant. (Du reste, certains considèrent qu'un moteur de Ferrari n'est *jamais* gênant). A grande vitesse la Testarossa fait preuve d'une bonne stabilité; au-delà de 200 km/h la direction s'allège légèrement mais c'est peu de chose. Quant aux freins, essentiels si l'on veut survivre à l'inconscience d'autrui sur les autoroutes, ils sont exceptionnels: pas trop légers, ils demandent la juste pression pour obtenir le maximum d'efficacité de freinage, c'est-à-dire un coup de pied bien décidé sans être excessif. Il n'existe aucun problème d'échauffement, ce qui était à prévoir vu la dimension des disques (ventilés, avec des trous radiaux grands comme des tunnels) et des étriers. En quittant l'autoroute et en s'aventurant sur les contreforts de l'Apennin, on apprécie les qualités de la direction, directe sans être trop nerveuse, aidée en cela par un excellent dimensionnement du volant. La tenue de route est formidable, et il ne pourrait pas en être autrement compte tenu de la magnifique structure des suspensions, des excellents pneumatiques Michelin TRX et de l'onctuosité du moteur: totalement privé de pointes nerveuses, il aide à doser parfaitement la puissance d'entrée et de sortie. L'impression d'ensemble est que, si l'on peut pousser la GTO plus loin, cela ne peut être tenté que par des pilotes de classe, dotés d'une grande expérience; tandis que la Countach S, qui est certainement plus rapide en toutes circonstances, fait payer au pilote cette supériorité marginale: la conduite est plus fatigante, la visibilité réduite, les suspensions — nettement réglées "racing" — très dures. La Testarossa, elle, et c'est son grand atout, offre des performances phénoménales avec facilité, presque naturellement, et elle pourrait probablement faire preuve de qualités de tolérance qui vont au-delà des limites prévues, si le pilote n'était pas, tôt ou tard, retenu par le prix imposant d'un tel engin et par la perspective de le pulvériser dans un virage un peu trop désinvolte.

A la fin d'un essai de ce genre, toujours trop bref, il est temps de passer à quelques considérations et d'en tirer les conclusions. La Testarossa est une grande automobile: elle est puissante, stable, très bien freinée, avec une excellente tenue de route. C'est aussi une voiture relativement confortable, bien construite, qui offre à un utilisateur quadragénaire une voiture plus versatile que l'habituelle deux places, inconfortable et bruyante, comme Ferrari en a produit par le passé. Toutefois, l'ensemble de ces performances exceptionnelles s'accompagne d'une esthétique discutable bien qu'indéniablement personnelle et de quelques bavures de marketing (le lancement

Parigi, il nome della tradizione storpiato nella nuova edizione, l'assenza del cavallino sulla griglia anteriore) che non possono non fare riflettere il ferrarista di vecchio e maturo pelo. Quanto alle concorrenti, scartate le irreperibili Vector CD, Sbarro Challenger, Jameson-Merlin e BMW M1, rimangono solo due vetture, ma sono la *crème de la crème* del motorismo mondiale: Porsche 911 Turbo e Lamborghini Countach Quattrovalvole. Di queste, la prima è la più utilizzabile su ogni percorso, la più veloce in accelerazione, ma anche la più lenta in velocità massima e la più pericolosa se portata al limite; d'altra parte, è anche la più economica di questo augusto terzetto. La Countach è invece più veloce, più scattante in ripresa da 0 a 100, mantiene un margine di 7/8 chilometri all'ora in velocità, probabilmente tiene meglio la strada, e, se anche è un po' deficitaria in visibilità posteriore ed in abitabilità, ricompensa l'utilizzatore con una potenza smisurata ed una estetica che non sarà più sorpassata. Quanto alla Testarossa, di fronte a queste due concorrenti essa si trova a mezza strada; è, insomma, la più equilibrata del gruppo, quella nella quale l'esperienza di una grande casa quale la Ferrari ha saputo mettere le cose giuste per accontentare tutti, o quasi. Pazienza se, nel processo, si debbono concedere alcuni chilometri orari alla concorrenza...

the fastest accelerating from 0 to 100, holds a margin of 7-8 kph in top speed, probably holds the road better and, even though it is a little lacking in rear visibility and comfort, compensates the driver with unlimited power and aesthetics which will never be out-of-date. As for the Testarossa, it is halfway between these two rivals; it is, in other words, the most well-balanced of the group, the one in which the experience of a great manufacturer like Ferrari was able to put the right things to please everyone, or almost everyone. Never mind that, in the process, it has to concede a few kph to the competition...

tapageur au Lido de Paris, le nom de la tradition estropié dans la nouvelle édition, l'absence du cheval rampant à l'avant) qui ne peuvent que faire hésiter un vieux fana de la Ferrari. Quant aux concurrentes, une fois écartées les introuvables Vector CD, Sbarro Challenger, Jameson-Merlin et BMW M1, il ne reste que deux voitures; mais ce sont le fin du fin de l'automobilisme: Porsche 911 Turbo et Lamborghini Countach Quattrovalvole. La première est la plus facilement utilisable sur n'importe quel tracé, c'est la plus rapide en accélération, mais c'est aussi la plus lente (sa vitesse de pointe est inférieure) et la plus dangereuse si on la pousse au maximum; d'autre part c'est aussi la plus économique de cet auguste trio. La Countach, elle, est plus rapide, elle a une reprise plus nerveuse de 0 à 100, elle conserve une marge de 7/8 kilomètres à l'heure de pointe, elle tient probablement mieux la route et même si sa visibilité postérieure et son habitabilité laissent à désirer, elle récompense l'utilisateur par une puissance démesurée et une esthétique qui restera inégalable. Quant à la Testarossa, face à ces deux concurrentes, elle est à mi-chemin; c'est, en somme, la plus équilibrée du groupe, celle dans laquelle l'expérience d'un grand constructeur comme Ferrari a su mettre ce qu'il fallait pour contenter tout le monde ou presque. Et tant pis si, ce faisant, il a fallu concéder quelques kilomètres horaires à la concurrence...

1 giugno 1958, 1000 Km del Nürburgring. Mike Hawthorn su Ferrari 250 TR58 che porterà al secondo posto, in coppia con Peter Collins, dietro l'Aston Martin di Stirling Moss/Jack Brabham.

1 June 1958, 1000 Km of Nürburgring. Mike Hawthorn in a Ferrari 250 TR58. He finished second, teamed up with Peter Collins, behind the Aston Martin of Stirling Moss/Jack Brabham.

1er juin 1958, 1000 Km du Nürburgring. Mike Hawthorn sur Ferrari 250 TR58, classé second avec son coéquipier Peter Collins derrière l'Aston Martin de Stirling Moss/Jack Brabham.

L'altra Testa Rossa
di Luigi Orsini

Chi pensava che Maranello fosse il luogo meno propenso al sentimentalismo, ha accolto con sorpresa la proliferazione di sigle richiamanti illustri e gloriosi modelli del passato. Ma costoro possono dormire sonni tranquilli: l'ufficio marketing ha le proprie esigenze e la Ferrari è più che mai proiettata verso il futuro, per nulla sfiorata da sterile nostalgia. La nuova metodologia nell'identificazione dei modelli tende piuttosto a rifuggire le aride sigle basate sui numeri e, considerando il palmarès della Casa, la serie potrebbe continuare.
Così, alla Mondial è seguita la GTO, infine la Testarossa. Nomi che suscitano fremiti d'ammirazione in quanti seguono le vicende dell'automobilismo. La Mondial richiama una due litri Sport che verso la metà degli anni '50 si rivolgeva ai clienti sportivi, la GTO l'espressione più evoluta e desiderabile della berlinetta da corsa, la Testarossa il suo equivalente nel campo delle biposto di quella Categoria Sport che per lunghi anni è stata al centro di una indimenticabile attività, sublimata nella disputa del titolo iridato per Marche.
La sua ragione d'essere, insolita e fantasiosa, stava nella finitura cromatica (rossa, per l'appunto) dei coperchi delle valvole, forse ispirata ad un'usanza in voga sulle Specials degli Stati Uniti che in seguito, dopo la notorietà conferitale dalla Ferrari, proliferò anche da noi, soprattutto a livello della Categoria Turismo.
Dapprima, la denominazione Testa Rossa fu attribuita alla due litri con quattro cilindri erede della Mondial, ma ebbe la consacrazione quando fu deputata a designare la 250 Testa Rossa, un modello di vertice fra i più celebri dell'intera produzione Ferrari.
Negli anni '50 la Categoria Sport godeva di un prestigio almeno pari alla Formula 1 con molti punti a proprio vantaggio. In primo luogo si esprimeva su terreni e in tipi di corsa molto difformi fra loro, poi fruiva di una libertà regolamentare pressoché assoluta. Tutto ciò sottintendeva una gestione molto onerosa, anche perché si era innescato un processo di profonda diversificazione tecnologica, alla ricerca dei mezzi più congeniali alle mutevoli esigenze delle competizioni.
In linea generale, tuttavia, c'era un diffuso orientamento verso l'innalzamento delle

The other Testa Rossa
by Luigi Orsini

Those who thought that Maranello was the least likely place to encounter sentimentality have been surprised by the proliferation of designations evoking illustrious, glorious models of the past. But they can rest at ease: the marketing office has its own requirements but Ferrari is more than ever projected toward the future, not the least bit affected by sterile nostalgia. The new method of model identification tends, rather, to reject arid number-based symbols and, as a glance at Ferrari's trophy case revals, the series could go on and on.
Thus the Mondial was followed by the GTO and finally the Testarossa. Names that arouse thrills of admiration because they trace the history of auto racing. The Mondial recalls a two-liter sports car which toward the mid-fifties was aimed at the racing clientele, the GTO the most evolved and desirable expression of the racing sport sedan, the Testarossa its two-seater equivalent in that Sports Car Category, which for many years was the center of unforgettable competitive activity culminating in the World Manufacturers' Championship.
Its unusual and imaginative name came from the color finish (red, in fact) of its valve-system covers, perhaps following a fashion of the day on the Specials from the United States, which later, after the notoriety given them by Ferrari, proliferated even in Italy, particularly in the Touring Car Category.
At first the designation Testa Rossa was attributed to the two-liter four-cylinder heir of the Mondial but was consecrated when it was assigned to indicate the 250 Testa Rossa, a supreme model among the most celebrated of Ferrari's entire production.
In the fifties the Sports Car Category was enjoying a prestige at least equal to that of Formula 1, with many points in its favor. In the first place, it was expressed on assorted types of terrain and races and, secondly, it enjoyed an almost freedom from regulations. The cost of racing operations was thus extremely high, due in part to a process of profound technological diversification, in search of cars best adapted to the variety of racing conditions.
Generally speaking, however, there was a widespread tendency to boost up engine displacement and power. This upward trend,

L'autre Testa Rossa
par Luigi Orsini

Ceux qui pensaient que Maranello était le lieu du monde le moins enclin au sentimentalisme, ont accueilli avec surprise la prolifération de sigles rappelant d'illustres et glorieux modèles du passé. Mais qu'ils se rassurent: le service marketing a ses exigences et Ferrari, plus que jamais tourné vers l'avenir, n'est pas du tout atteint de stérile nostalgie. La nouvelle méthodologie adoptée pour identifier les modèles tend plutôt à éviter les sigles arides basés sur les chiffres et, compte tenu du palmarès de la Firme, la série pourrait continuer.
C'est ainsi que la Mondial a été suivie par la GTO d'abord, la Testarossa ensuite: noms qui provoquent des frémissements d'émotion chez tous les passionnés d'automobilisme. La Mondial rappelle une deux litres Sport qui, vers la moitié des années Cinquante, était destinée aux clients sportifs, la GTO l'expression la plus évoluée et la plus désirable de la berlinette de course, la Testarossa son équivalent dans le domaine des biplaces de la Catégorie Sport qui, de longues années durant, fut au coeur d'une activité mémorable, sublimée par la participation au Championnat du Monde des Marques.
La couleur (rouge justement) des couvercles des soupapes fut à l'origine du nom, insolite et fantaisiste, de Testa Rossa, suivant sans doute une mode américaine en vogue sur les Specials et qui, à la suite de la notoriété que lui avait conféré Ferrari, se répandit en Italie aussi, particulièrement dans la Catégorie Tourisme. Testa Rossa: ce nom fut d'abord donné à la deux litres quatre cylindres, héritière de la Mondial, avant de recevoir sa consécration définitive quand il fut appelé à désigner la 250, un des modèles de pointe les plus célèbres de toute la production Ferrari.
Dans les années Cinquante, la Catégorie Sport jouissait d'un prestige pour le moins égal à celui de la Formule Un, avec en outre de nombreux atouts en sa faveur. En premier lieu elle s'exprimait sur des terrains et dans des courses trés différentes entre elles et puis elle jouissait d'une liberté de réglementation à peu près totale. Tout cela aboutissait à une gestion fort onéreuse, ne serait-ce qu'à cause du processus de profonde diversification technologique qu'il sous-entendait, à la recherche de machines conformes aux exigences, toujours

I primi motori della Testa Rossa (500 TR) erano a quattro cilindri, evoluzione di quelli che equipaggiavano le Mondial.

The first engines of the Testa Rossa (500 TR) were four-cylinder, evolved from those mounted on the Mondial.

Les premiers moteurs de la Testa Rossa (500 TR) étaient des quatre cylindres: une évolution des moteurs qui équipaient les Mondial.

cilindrate e delle potenze. Questa lievitazione e la simultanea precarietà della sicurezza, avevano insinuato nella coscienza dei legislatori sportivi forti e giustificate apprensioni. La sciagura della 24 Ore di Le Mans del 1955, la più grave di tutta la storia delle corse, costituiva un monito di stringente attualità benché fosse stata determinata da cause parzialmente indipendenti dalla potenza delle macchine. Perciò, visto che due anni più tardi Maserati schierava delle 4500, Ferrari delle 4100, Jaguar e Aston Martin delle 3800 e 3700, gli organi competenti decretarono la messa al bando di simili "mostri", riservando le prove del mondiale alle 3000 cc a partire dal 1958. Prima ancora che tale decisione trovasse un riscontro ufficiale, Ferrari aveva impostato un congruo programma, conseguente agli avvicendamenti tecnici che si erano registrati nel suo feudo. A Maranello il tema della macchina Sport aveva avuto in epoca recente uno sviluppo quasi caotico in un alternarsi di cilindrate e di soluzioni tecniche fra loro molto dissimili. Al declinare dei motori a 4 e 6 cilindri in linea, frutto concettuale di Aurelio Lampredi, gli sforzi si concentrarono sul nuovo filone del V6 Dino e sull'intramontabile 12 cilindri a V di 60°. È incontestabile che gran parte del credito di cui godeva Ferrari fosse merito di questa

along with a precarious level of safety, aroused deep, justified concern in the minds of racing rulemakers. The disaster at the 24 Hours of Le Mans in 1955, the most tragic in all the history of racing, served as a stringently immediate warning, although its causes were partially unrelated to engine power.
Two years later, therefore, with Maserati racing its 4500's, Ferrari its 4100's, Jaguar and Aston Martin their 3800's and 3700's, the governing bodies decreed a ban on such "monsters", limiting world title competition to three-liters, beginning in 1958.
Even before this decision was officially ratified, Ferrari had undertaken a sizeable program, the consequence of its internal technical evolution. In Maranello the sports-car theme had become characterized by almost chaotic development, with a succession of highly dissimilar engine sizes and technical solutions. With the decline of 4- and 6-cylinder in-lines, the conceptual creation of Aurelio Lampredi, efforts were concentrated on a new direction: the Dino V-6 and the undying 60° V-12. Much of the recognition Ferrari enjoyed was undoubtedly ascribed to this unit which, long repudiated for the single-seaters, continued with growing success on sports cars and production models.

changeantes, des compétitions.
D'une façon générale, on s'orientait vers une augmentation de la cylindrée et de la puissance. Celle-ci, associée aux conditions de sécurité précaires des pilotes, avait suscité de fortes appréhensions, justifiées par ailleurs, chez les législateurs sportifs. La catastrophe des 24 Heures du Mans en 1955, la plus grave de toute l'histoire des courses, constituait un avertissement de brûlante actualité bien que ses causes aient été en partie indépendantes de la puissance des voitures alignées.
C'est pourquoi, vu que deux ans plus tard Maserati alignait des quatre litres et demi au départ, Ferrari des 4100, Jaguar et Aston-Martin des 3800 et 3700, les organes compétents décrétèrent la mise au ban de ces "monstres" et, à partir de 1958, réservèrent les épreuves du Championnat du Monde aux trois litres.
Avant même qu'une telle décision fut officialisée et à la suite des changements techniques qui s'étaient produits dans son fief Ferrari avait défini un programme ambitieux. A Maranello la voiture Sport avait connu, à une époque récente, une évolution quasi-chaotique, dans une alternance de cylindrées et de solutions techniques les plus disparates. Au déclin des moteurs 4 et 6 cylindres en ligne, créés par

Paul Frère su TR60 (telaio n. 0774) alla 24 Ore di Le Mans del 1960.

Paul Frère in a TR60 (chassis no. 0774) at the 1960 24 Hours of Le Mans.

Paul Frère sur TR60 (châssis n. 0774) aux 24 Heures du Mans 1960.

Il motore Testa Rossa a 12 cilindri.

The Testa Rossa 12-cylinder engine.

Le moteur Testa Rossa 12 cylindres.

Maggio 1959, Targa Florio. La Testa Rossa di Cliff Allison e Dan Gurney.

May 1959, Targa Florio. The Testa Rossa of Cliff Allison and Dan Gurney.

Mai 1959, Targa Florio. La Testa Rossa de Cliff Allison et Dan Gurney.

unità che, da tempo ripudiata per le monoposto, si perpetuava con successo crescente sulle vetture Sport e su quelle di produzione.
Fin dal '56 tutti avevano avvertito il formidabile potenziale della berlinetta 250 GT che nell'anno seguente dimostrò di sapersi battere, in determinate circostanze, con le autentiche macchine da corsa. La vittoria nel Giro di Sicilia ed il terzo posto alla Mille Miglia suffragarono la decisione di allestire una macchina Sport della stessa cilindrata, alla ricerca di un mezzo eclettico e di grande equilibrio strutturale. Ad avallare questa decisione c'era la disponibilità di un motore V 12 che rientrava nella serie delle unità con distribuzione bialbero, sviluppate sotto la direzione tecnica di Andrea Fraschetti sulla base della tecnologia acquisita ereditando le Lancia progettate con la supervisione di Vittorio Jano.
Il 26 maggio 1957 ecco dunque apparire alla 1000 Km del Nürburgring una vettura sperimentale che identifichiamo nel prototipo della Testa Rossa. Era equipaggiata infatti dal motore tre litri bialbero installato su di un telaio prossimo a quello della 3500 tipo 290 Mille Miglia. Malgrado un modesto decimo posto, dovuto alla scarsa familiarità di Olindo Morolli (pilota reclutato sul posto dal direttore sportivo Romolo Tavoni per fiancheggiare Masten Gregory), il risultato fu giudicato positivamente.
Circa un mese più tardi, infatti,

Since 1956 there had been a general awareness of the formidable potential of the 250 GT sports sedan, which the following year proved it could compete, under certain circumstances, with the authentic racing cars. Its victory in the Tour of Sicily and third place in the Mille Miglia prompted the decision to prepare a sports car of the same displacement, in the search for a versatile car with great structural balance. This decision was validated by the availability of a V-12 engine, part of the series of dual-camshaft units developed under the technical direction of Andrea Fraschetti and based on technology acquired from the inherited Lancias designed under the supervision of Vittorio Jano.
On 26 May 1957 an experimental car, which we shall identify as the prototype of the Testa Rossa, appeared at the 1000 Km of Nürburgring. It was equipped, in fact, with the three-liter dual-camshaft engine installed on a chassis similar to that of the 3500 type 290 Mille Miglia. Despite a modest tenth place, due to Olindo Morolli's lack of familiarity with the car (he was a driver recluted on the spot by racing director Romolo Tavoni to flank Masten Gregory), the result was judged positive.
About one month later, in fact, the experiment was repeated at Le Mans, with content amplified. The dual-camshaft engine, enlarged to 3100 cc, missed the start because of a breakdown, but a new version powered by the V-12 closely derived from

Aurelio Lampredi, les efforts se concentrèrent sur le nouveau filon du V6 Dino et sur le fabuleux 12 cylindres en V de 60°. Une grande partie de la renommée dont jouissait Ferrari dépendait incontestablement de ce moteur qui, répudié depuis longtemps pour les monoplaces, se perpétuait avec un succès croissant sur les voitures Sport et sur celles de production normale.
Dès 1956 tout le monde avait senti quel formidable potentiel cachait la berlinette 250 GT; l'année suivante, elle prouva que, dans certaines circonstances, elle était capable de tenir tête à d'authentiques autos de course. La victoire remportée dans le Tour de Sicile et la troisième place aux Mille Miglia renforcèrent la décision de produire une voiture Sport de même cylindrée, une machine éclectique, à la structure bien équilibrée. Cette décision était favorisée par la disponibilité d'un moteur V 12 faisant partie de la série à distribution bi-arbre, produite sous la direction technique d'Andrea Fraschetti sur la base de la technologie acquise en héritant des Lancia nées sous la responsabilité de Vittorio Jano.
Le 26 mai 1957, voilà donc apparaître aux 1000 Km du Nürburgring une voiture expérimentale que nous reconnaissons comme le prototype de la Testa Rossa. Elle était en effet équipée du moteur trois litres bi-arbre monté sur un châssis semblable è celui de la 3500 type 290 Mille Miglia. Malgré une modeste dixième place due au

Vano motore e abitacolo della Testa Rossa telaio 0794: debuttò vincendo alla 24 Ore di Le Mans del 1961 con Olivier Gendebien e Phil Hill.

Engine compartment and cockpit of Testa Rossa chassis 0794: it debuted winning the 1961 24 Hours of Le Mans with Olivier Gendebien and Phil Hill.

Coffre moteur et habitacle de la Testa Rossa (châssis 0794) qui fit ses débuts en remportant les 24 Heures du Mans édition 1961 avec Olivier Gendebien et Phil Hill.

l'esperimento veniva ripetuto a Le Mans ampliandone i contenuti. La macchina con motore bialbero, maggiorato a 3100 cc, non prese la partenza per un guasto, ma una nuova versione motorizzata col V 12 strettamente derivato dal 250 GT, con telaio della 500 TRC e una nuova carrozzeria si comportò magnificamente prima del ritiro. Altra battuta a vuoto in agosto nel Gran Premio di Svezia per entrambe le vetture, ma a Caracas, nella prova conclusiva del Campionato mondiale, le future Testa Rossa occuparono il terzo e il quarto posto alle spalle di altre due Ferrari di più grossa cilindrata.

Il 22 novembre, a stagione conclusa, venivano illustrati a Maranello i programmi futuri e nell'occasione fu presentata ufficialmente la 250 Testa Rossa, la macchina che dal 1958 doveva puntare al titolo iridato. Fatto importante, segnava anche il ritorno ad una politica di commercializzazione, interrotta negli ultimi

the 250 GT, with the 500 TRC's chassis and new bodywork, performed magnificently before its withdrawal. This abortive attempt by both cars was repeated in August at the Grand Prix of Sweden, but at Caracas, in the final event on the World Championship calendar, the future Testa Rossa took third and fourth places behind two other Ferraris with larger engines.

In 22 November, after the end of the season, future plans were presented at Maranello, and on that occasion the 250 Testa Rossa was officially unveiled: this was the car that from 1958 was to race for the world title. Another important fact: it also signalled the return to a policy of sales, interrupted in preceding years but possible now that the extremely fractionated production program had been simplified. The basic version reflected the experience acquired during the season with the two prototypes, interpreted with wise caution. The engine was the tamer unit of the

peu de familiarité que Olindo Morolli (pilote engagé sur place par le directeur sportif Romolo Tavoni pour faire équipe avec Masten Gregory) avait avec la voiture, le résultat fut jugé positivement.
En effet, un mois plus tard environ, l'expérience fut renouvelée, avec plus d'ampleur, au Mans. La voiture à moteur bi-arbre, dont la cylindrée avait été portée à 3100 cc, ne prit pas le départ à cause d'une panne; mais une nouvelle version montant le V 12 directement dérivé de la 250 GT sur le châssis de la 500 TRC et une nouvelle carrosserie se comporta magnifiquement avant l'abandon. Autre échec en août pour les deux voitures engagées dans le Grand Prix de Suède, mais à Caracas, dans l'épreuve finale du Championnat du Monde, les futures Testa Rossa occupèrent la troisième et la quatrième place derrière deux autres Ferrari de plus grosse cylindrée.
Le 22 novembre, la saison une fois terminée,

anni, ora possibile col venir meno di una produttività esasperatamente frazionata. La versione base sintetizzava l'esperienza condotta coi due prototipi nel corso della stagione usando una sapiente cautela. Il motore era quello più addomesticato della 250 GT, con un solo albero a camme per bancata di cilindri e lubrificazione a carter umido. Con opportuni aggiornamenti ed un'imponente batteria di sei carburatori Weber sviluppava comunque 300 CV al regime di 7200 giri. Ma al di là della potenza assoluta, pur sempre eccezionale, erano l'affidabilità e la coppia motrice incredibilmente favorevole a decretare la unicità di questo motore. Nelle scelte fondamentali traspariva dunque l'impronta dell'ingegner Carlo Chiti, subentrato ad Andrea Fraschetti, perito nel collaudo di una vettura, alla guida tecnica dell'azienda.
Il telaio rientrava nella tipica ortodossia della macchina da corsa italiana con doppia struttura, principale e secondaria, in tubi di

250 GT, with a single camshaft per cylinder bank and wet-sump lubrication. With the proper retouching and an imposing battery of six Weber carburetors, nonetheless, it developed 300 HP at 7200 rpm. But apart from its pure power, exceptional though it was, it was this engine's reliability and incredibly favorable torque that made it unique. In the fundamental choices there was the imprint of Carlo Chiti, who took over the technical reins of the company from Andrea Fraschetti, the victim of a test-driving accident.
The chassis had the orthodox characteristics of an Italian racing car, with dual structure, principal and secondary, of various tubular sections. The front suspensions were equally conventional, with oscillating quadrilaterals, coil springs and levered hydraulic shock-absorbers. The basic selection for the rear end was a rigid axle secured by struts and reaction triangle. This was to remain the standard solution for production cars, while

Maranello illustra les programmes futurs et à cette occasion présenta officiellement la 250 Testa Rossa: la voiture qui, à partir de 1958, avait comme objectif le titre de Champion du Monde. Autre fait important: le retour à une politique de commercialisation, interrompue les années précédentes et rendue désormais possible par l'abandon d'une production trop fractionnée.
La version de base fondait, avec une sage prudence, les résultats de l'expérience acquise avec les deux prototypes au cours de la saison. Le moteur était celui, assagi, de la 250 GT, avec un seul arbre à cames par banc de cylindres et lubrification par carter humide. Grâce à des modifications appropriées et à une imposante batterie de six carburateurs Weber, il developpait une puissance de 300 ch à 7200 tours. Mais ce qui en faisait un moteur unique en son genre, à part sa puissance qui reste exceptionnelle, c'était sa fiabilité et le couple

1960, Maranello. Nuove norme regolamentari impongono alla 250 TR60 un parabrezza molto alto.

1960, Maranello. New regulations impose a tall windshield on the 250 TR60.

1960, Maranello. La nouvelle réglementation impose un pare-brise très haut aux 250 TR60.

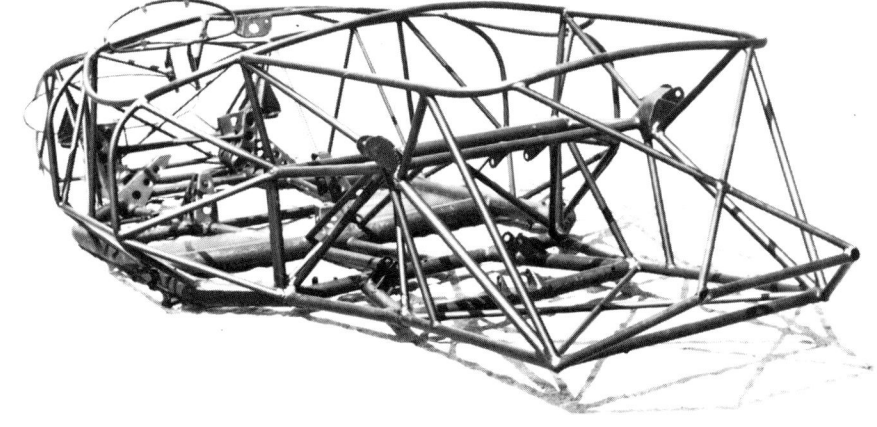

Sopra, il telaio della 250 TR59 con struttura di base di grossa sezione e, sotto, quello TRi61, netta evoluzione rispetto al passato.

Above, the chassis of the 250 TR59 with large-section base structure; below, the TRi61 chassis, a total break with the past.

En haut, le châssis de la 250 TR59 avec structure de base de grosse section; au-dessous, le châssis TRi61 qui représente une sensible évolution par rapport au passé.

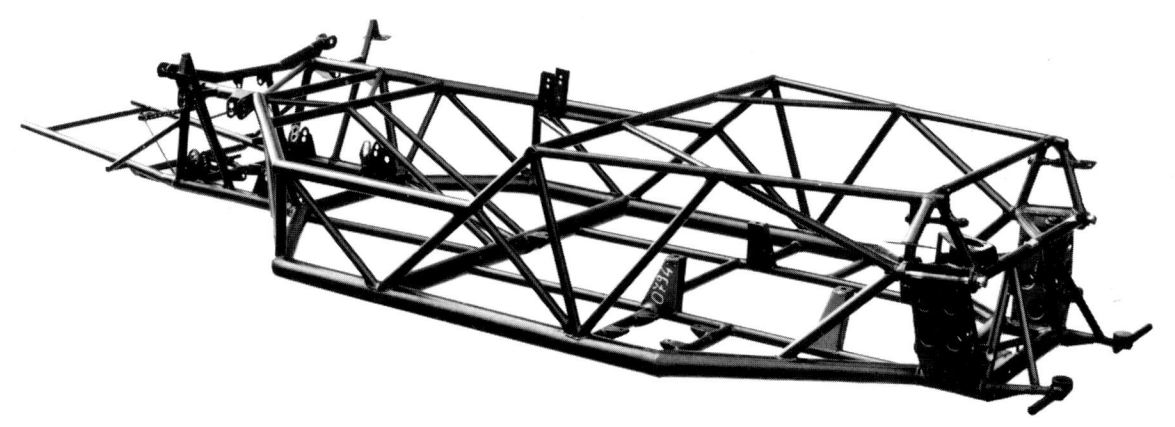

diversa sezione. Le sospensioni anteriori erano ugualmente molto convenzionali con quadrilateri oscillanti, molle elicoidali ed ammortizzatori idraulici a leva. Per il retrotreno la scelta di base era quella dell'assale rigido ancorato mediante puntoni e triangolo di reazione. Tuttavia questa doveva restare la soluzione standard per le vetture di produzione, mentre gli esemplari destinati alla squadra ufficiale solitamente erano muniti di un più sofisticato ponte De Dion. Nell'un caso come nell'altro, il cambio a 4 marce restava in posizione anteriore in blocco col cambio.

La carrozzeria, del tipo spider biposto, analoga a quella del secondo prototipo apparso a Le Mans, era la parte scenograficamente più innovativa della macchina. La sua originalità risiedeva nel disegno del frontale, coi parafanghi che avvolgevano solo per un piccolo arco di circonferenza le ruote affinché gli enormi freni a tamburo fossero investiti dalla corrente d'aria e questa, una volta assolto il compito di raffreddarli, non ristagnasse. Il suo allestimento, come era abitudine quasi esclusiva, avveniva presso l'officina di Franco Scaglietti a Modena. Infine un'ultima annotazione per il posto di guida, che sulle macchine dei clienti era generalmente a sinistra.

Dopo la presentazione alla stampa, l'argentea barchetta fu sottoposta agli ultimi collaudi da Martino Severi e Giotto Bizzarrini per poi spiccare il volo dall'aeroporto della Malpensa alla volta degli Stati Uniti dove l'attendeva John Von Neumann, leader Ferrari per la costa ovest e protagonista della scena sportiva locale. Nel frattempo a Maranello prendeva vita una piccola linea di montaggio per assecondare le richeste dei clienti e le esigenze della squadra ufficiale, così che nella corsa di Buenos Aires del 26 gennaio 1958 le Testa Rossa in campo erano divenute cinque, per crescere a sei a Sebring, sette al Nürburgring, addirittura dieci a Le Mans.

Come era nelle previsioni, le macchine dei clienti furono relegate al ruolo di comprimarie lasciando quello di protagoniste alle consorelle ufficiali, che furono sempre su di un elevato standard di efficienza e costantemente migliorate. Per obiettività dobbiamo riconoscere che la concorrenza non fu sempre all'altezza. La Maserati, la grande antagonista delle ultime stagioni, aveva abbandonato le corse affidandosi ad iniziative private. La Jaguar aveva tentato un aggiornamento della D Type riducendone la cilindrata, ma con risultati disastrosi. La minaccia più consistente era venuta invece dalla Aston Martin, vittoriosa al Nürburgring e sul finire di stagione al Tourist Trophy, dove però mancava la Ferrari. Infine veniva la Porsche,

the cars intended for the official team were usually equipped with a more sophisticated De Dion axle. In both cases the 4-speed gearbox remained in front grouped with the clutch.

The bodywork of the two-seater spyder variety was similar to the second prototype which appeared at Le Mans and the scenographically most innovative part of the car. Its originality derived from the design of the front end: the fenders only partially followed the wheel line to allow the enormous drum brakes to receive direct air flow which, after performing its cooling function, could be vented away. The bodywork, as was almost an exclusive custom, was prepared in Franco Scaglietti's factory in Modena. A final note for the driver's seat, which on client cars was generally to the left.

After its presentation to the press, the silvery car was given final testing by Martino Severi and Giotto Bizzarrini, and then it flew from Malpensa airport for the United States, where it was awaited by John Von Neumann, Ferrari dealer for the West Coast and protagonist on the local racing scene.

Meanwhile in Maranello a small assembly line was being prepared to satisfy the requests of clients and the needs of the official team. Thus it was that at the Buenos Aires race on 26 January 1958 the number of Testa Rossas entered became five, growing to six at Sebring, seven at Nürburgring and no less than ten at Le Mans.

As was expected, the clients' cars were relegated to the role of supporting actors, leaving the lead roles to their official cousins, always at a high standard of efficiency and constantly improved. To be perfectly objective, we must admit that the competition was not always up to the task. Maserati, the great antagonist of recent seasons, had abandoned racing in favor of private initiatives. Jaguar had attempted to up-date the D Type by reducing engine displacement, but with disastrous results. The largest menace had come from Aston Martin, victorious at Nürburgring and at season-end in the Tourist Trophy, where the Ferraris were absent, however. Then came Porsche, handicapped by the scanty 1500 cc of its four cylinders but fast and threatening under certain conditions.

Apart from the failure in the 1000 Km of Nürburgring, the following picture demonstrates how Ferrari swept the field with victories: Phil Hill and Collins dominated in Argentina and at Sebring, Musso and Gendebien at the Targa Florio, again Hill teamed up with Gendebien at Le Mans. With these successes, which earned the world title in the speciality, and with the simultaneous conquest of the world drivers'

moteur incroyablement favorable. L'empreinte de l'ingénieur Carlo Chiti, succédant comme directeur technique à Andrea Fraschetti qui avait péri pendant des essais, se retrouvait dans les choix fondamentaux.

Le châssis suivait la ligne conventionnelle de la voiture de course italienne à double structure, principale et secondaire, à tubes de différentes sections. Les suspensions avant étaient aussi très conventionnelles: quadrilatères oscillants, ressorts hélicoïdaux et amortisseurs hydrauliques à béquille. Pour le train arrière, on avait choisi l'essieu rigide ancré à des béquilles et à un triangle de réaction. Cette solution devait rester la solution standard des voitures de série, tandis que les exemplaires destinés à l'équipe officielle étaient généralement équipés d'un pont De Dion, plus sophistiqué. Dans un cas comme dans l'autre, la boîte à 4 rapports restait positionnée à l'avant, faisant bloc avec l'embrayage.

La carrosserie, du type spyder biplace, semblable à celle du deuxième prototype vu au Mans, apparaissait la partie la plus innovatrice. Son originalité tenait à la ligne du museau avec ses garde-boue qui n'enveloppaient les roues que sur une partie de la circonférence afin que le flux d'air canalisé vers les énormes freins à tambour pour les refroidir puisse être évacué. Sa finition, suivant une tradition Ferrari quasi-exclusive, était l'oeuvre de l'usine de Franco Scaglietti à Modène. Une dernière observation concernant le poste de conduite qui, dans les voitures destinées aux clients, était généralement placé à gauche.

Après la présentation à la presse, Martino Severi et Giotto Bizzarrini effectuèrent les ultimes galops d'essai sur la barquette argentée avant qu'elle ne s'évole pour les Etats-Unis où l'attendait John Von Neumann, dealer Ferrari pour la côte ouest et vedette de la scène sportive dans son pays.

Entretemps, à Maranello, naissait une petite chaîne de montage destinée à satisfaire la demande des clients ainsi que les exigences de l'équipe officielle; c'est pourquoi dans la course de Buenos-Aires, le 26 janvier 1958, cinq Testa Rossa s'alignaient au départ; elles étaient six à Sebring, sept au Nürburgring et dix au Mans!

Comme prévu, les voitures des clients passèrent au deuxième plan laissant la vedette à leurs consoeurs officielles; celles-ci se maintinrent toujours à un niveau d'efficacité élevé et furent constamment améliorées. Objectivement, il faut reconnaître que la concurrence ne fut pas toujours à la hauteur. Maserati, la grande rivale des saisons passées, avait abandonné la compétition et s'en remettait à l'initiative des particuliers. Jaguar avait tenté de renouveler la D Type en réduisant sa

Settembre 1959, Goodwood, Tourist Trophy. Tony Brooks in corsa: insieme a Dan Gurney si piazzerà quinto.

September 1959, Goodwood, Tourist Trophy. Tony Brooks during the race: together with Dan Gurney he placed fifth.

Septembre 1959, Goodwood, Tourist Trophy. Tony Brooks en course: avec Dan Gurney il se classera 5ème.

1958, Maranello. La 250 TR Scaglietti in versione clienti: volante a sinistra e ponte rigido con balestra trasversale.

1958, Maranello. The Scaglietti 250 TR, customer version: lefthand drive and rigid rear axle with transverse leaf spring.

1958, Maranello. La 250 TR Scaglietti en version clients: volant à gauche et pont rigide avec ressort à lames transversal.

svantaggiata dai soli 1500 cc del suo quattro cilindri, ma già velocissima e minacciosa in determinate condizioni.
A parte la battuta a vuoto nella 1000 Km del Nürburgring, da questo quadro si intuisce come la Ferrari abbia fatto man bassa di vittorie. Phil Hill-Collins si erano imposti in Argentina e a Sebring, Musso-Gendebien alla Targa Florio, ancora Hill e Gendebien, in coppia, a Le Mans. Con questi successi che valevano il Campionato mondiale della specialità e con la simultanea conquista del titolo iridato per conduttori con Hawthorn, sotto il profilo dei risultati il 1958 poteva ritenersi più che appagante. Il rovescio della medaglia fu la tragica fine di Luigi Musso e Peter Collins, infine il ritiro di Mike Hawthorn.
Sul piano tecnico, la Testa Rossa aveva mantenuto per intero tutte le promesse migliorando gradualmente l'efficienza meccanica e funzionale mediante carrozzerie più ortodosse che miravano a scongiurare reazioni squilibrate ad alta velocità.
Il processo evolutivo fu intensificato in previsione del 1959. La produzione del tipo commerciale fu interrotta e per i clienti non restò che aggiornare il proprio modello o attendere pazientemente la disponibilità di una vettura ex ufficiale. Gli interventi interessarono ogni componente della vettura, che perciò andrebbe considerata inedita. Il motore aveva subito varianti a distribuzione

title with Hawthorn, 1958 could be considered more than satisfactory from the standpoint of results. On the other side of the ledger, however, were the tragic deaths of Luigi Musso and Peter Collins, and the retirement of Mike Hawthorn.
From the technical standpoint the Testa Rossa had lived up to all its promises, with gradual improvement in its mechanical and operational efficiency by means of more orthodox bodywork aimed at preventing unbalanced reactions at high speeds.
The developmental process was intensified with an eye to 1959. Commercial production was halted, and the clients had no choice but to up-date their models or patiently wait for an ex-official car to become available. Amendments involved every component of the car, which could therefore be considered a new model. The engine had undergone changes in valve-timing and fuel-feeding with an increase in power. It was mounted, with its gearbox (meanwhile become a 5-speed), on a new tubular chassis in a position offset from the symmetry axis to correct the distribution of masses. In the second half of the season, finally, a dry-sump lubrication system was applied. After long and perhaps blameworthy hesitations, the drum brakes gave way to a disk system by Dunlop, just as modern telescoping shock-absorbers coaxial with the coil springs supplanted the levered variety.

cylindrée, mais les résultats étaient catastrophiques. Seul Aston Martin, victorieux au Nürburgring et vers la fin de la saison au Tourist Trophy (où toutefois Ferrari était absent) était vraiment à craindre. Il y avait enfin Porsche, désavantagé par les 1500 cc de son 4 cylindres, mais déjà très rapide et redoutable dans certaines conditions.
A part l'échec dans les 1000 Km du Nürburgring, on devine, d'après ce tableau, pourquoi Ferrari avait trusté les victoires. Phil Hill-Collins s'étaient imposés en Argentine et à Sebring, Musso-Gendebien à la Targa Florio, Hill et Gendebien encore, en équipe, au Mans. Grâce à ces succès qui valurent à Ferrari le titre de Champion du Monde de la Catégorie et à Hawthorn le titre mondial des pilotes, la saison 1958 était plus que satisfaisante du point de vue des résultats. Le revers de la médaille, ce fut la fin tragique de Luigi Musso et de Peter Collins et enfin l'abandon de Mike Hawthorn.
Sur le plan technique, la Testa Rossa avait maintenu toutes ses promesses en améliorant graduellement son efficacité mécanique et fontionnelle grâce à des carrosseries plus traditionnelles qui visaient à éliminer le déséquilibre à forte vitesse.
L'évolution fut intensifiée en prévision de la saison 1959. La production commerciale fut interrompue et les clients n'eurent plus qu'à

La 0794, uno dei più preziosi esemplari attualmente in circolazione.

No. 0794, one of the most precious units currently in circulation.

La 0794, un des plus précieux exemplaires actuellement en circulation.

e alimentazione con incremento di potenza. Veniva montato, con relativo cambio (divenuto nel frattempo a 5 marce), su di un nuovo telaio a struttura tubolare in posizione sfalsata rispetto all'asse di simmetria per correggere la distribuzione delle masse. Nella seconda parte della stagione venne infine adottata la lubrificazione a carter secco. Dopo lunghi e forse colpevoli tentennamenti, i freni a tamburo lasciarono posto ad un sistema a disco della Dunlop, così come moderni ammortizzatori telescopici coassiali con le molle elicoidali soppiantarono quelli a leva.
Anche la carrozzeria era totalmente nuova.

The bodywork was also completely new. It was designed by Pininfarina but, since Scaglietti was busy preparing the sports sedans, the construction was entrusted to Medardo Fantuzzi, free-lance bodybuilder short on work after the withdrawal of Maserati, for which he had worked almost exclusively.
With the meticulous job of rennovation, the 250 TR 59 could also boast of a weight reduction from the original 800 kg to 750. Unfortunately such an intensive commitment was not proportionately reflected in the results, since Ferrari won only at Sebring. This meant the loss of the world title to

modifier leurs modèles ou attendre patiemment qu'une ex-voiture officielle se rende disponible. Tous les composants de la voiture ayant été modifiés on pourrait donc les considérer comme inédites.
L'alimentation et la distribution du moteur étaient modifiées pour en augmenter la puissance. Il était équipé d'une boîte à cinq rapports cette fois, sur un nouveau châssis à structure tubulaire déphasé par rapport à l'axe pour une meilleure répartition des masses. Dans la seconde partie de la saison on adopta enfin la lubrification par carter sec. Après de longues, et sans doute coupables, hésitations, les freins à tambour

1960, Le Mans. La 250 TR di Frère/Gendebien (n. 11) seguita da quella di P. Rodriguez/Pilette (n. 17); col n. 16, invece, è la 250 GT di Tavano/Loustel.

1960, Le Mans. The 250 TR of Frère/Gendebien (no. 11) followed by that of P. Rodriguez/Pilette (no. 17); no. 16 is the 250 GT with Tavano/Loustel.

1960, Le Mans. La 250 TR de Frère/Gendebien (n. 11) suivie par celle de P. Rodriguez/Pilette (n. 17). La n. 16 est la 250 GT de Tavano/Loustel.

L'aveva disegnata Pininfarina ma, essendo Scaglietti oberato dall'allestimento delle berlinette, l'esecuzione fu delegata a Medardo Fantuzzi, carrozziere free-lance a corto di lavoro dopo il ritiro della Maserati per la quale aveva lavorato quasi in esclusiva. Con questa puntigliosa opera di aggiornamento, la 250 TR 59 vantava anche un peso ridotto a 750 kg dagli 800 d'origine. Purtroppo un impegno così cospicuo non trovò un riscontro proporzionale nei risultati perché la Ferrari si affermò soltanto a Sebring, ciò che significò la perdita del titolo mondiale a vantaggio dell'Aston Martin ed una deludente terza posizione in classifica, preceduta anche dalla Porsche. Tuttavia il

Aston Martin and a disappointing third place in the final rankings, also preceded by Porsche. The results, however, did not reflect the true value of the Testa Rossa. Several drivetrain breakdowns and the massacre of engines suffered at le Mans due to casting defects, had had their part, but other components had also come into play. A typical example was the assortment of drivers, ill-matched and affected by strong personal ambitions not duly harnassed, without mentioning the significant contribution to the British success provided by a Moss at the height of his efficiency.
The 1960 season opened with a few changes. Aston Martin was committed to an

furent remplacés par un système à disque Dunlop; de même de modernes amortisseurs télescopiques coaxiaux à ressorts hélicoïdaux remplacèrent ceux à béquille.
La carrosserie elle-même était totalement inédite. Dessinée par Pininfarina, la production en fut confiée à Medardo Fantuzzi — carrossier free-lance à court de travail après l'abandon de Maserati pour lequel il avait pratiquement travaillé en exclusivité —, Scaglietti 'se

1957. Gregory (n. 5) sorpassa Trintignant (n. 6) durante il GP di Svezia.

1957. Gregory (no. 5) overtaking Trintignant (no. 6) during the GP of Sweden.

1957. Gregory (n. 5) dépasse Trintignant (n. 6) pendant le GP de Suède.

1958. La 250 TR Scaglietti in versione clienti.

1958. The Scaglietti 250 TR, customer version.

1958. La 250 TR Scaglietti en version clients.

bilancio non rispecchiava l'effettivo valore della Testa Rossa. Ripetuti guasti di trasmissione e la falcidia di motori patita a Le Mans per difetti di fusione, avevano avuto il loro peso, ma altre componenti erano entrate in gioco. Tipica quella dell'assortimento dei piloti, poco omogeneo e alterato dalle forti ambizioni personali non mitigate a dovere, senza dimenticare il contributo non indifferente per il successo inglese dato da un Moss all'apice del rendimento.

Il 1960 si aprì con alcune novità. L'Aston Martin si dedicava all'ambizioso programma di Formula 1 ridimensionando l'attività nella Categoria Sport, mentre tornava sulla scena la Maserati con una vettura d'avanguardia, la famosa Birdcage, che però fu schierata dalla Scuderia Camoradi dotata di mezzi inadeguati. La Porsche a sua volta procedeva con gradualità nell'evoluzione delle agili quattro cilindri 1600 a motore posteriore, la Jaguar aveva qualche sussulto di vitalità ma niente più.

A Maranello, intanto, prendeva piede un programma alternativo alla 250 TR basato sul motore Dino a sei cilindri di 2000 cc, visto anche in prospettiva commerciale. Ma il fulcro dell'attività restava la tre litri sottoponendo ad evoluzione quattro unità della 250 TR 59. Nel frattempo veniva allestita una variante con sospensioni a quattro ruote indipendenti, denominata 250 TRi 60, costruita in soli due esemplari. L'aspetto della vettura restava comunque pressoché invariato, salvo l'alto parabrezza imposto dal regolamento, che obbligando i piloti a vedere attraverso questo elemento soggetto ad imbrattarsi, sollevò vibrate proteste.

Il 1960 si aprì con una doppietta Ferrari a Buenos Aires, ma poi le cose presero nuovamente una brutta piega. La Casa disertò la 12 Ore di Sebring, i cui organizzatori imposero una marca di carburante che non avrebbe permesso alla Ferrari di onorare il proprio impegno con la Shell. Le Testa Rossa dei clienti furono in tal modo battute dalla Porsche, la quale si impose anche alla Targa Florio, mentre la Maserati fece sua la 1000 Km del Nürburgring.

Si giunse così alla 24 Ore di Le Mans, ultima prova del Campionato e decisiva per la sua assegnazione. La Ferrari fece ricorso a tutte le possibilità chiamando a raccolta anche le vetture private del North American Racing Team di Luigi Chinetti. Malgrado i patemi per ripetute panne di carburante, la Testa Rossa fece valere la legge del più forte chiudendo la contesa ai primi due posti con Gendebien-Frère e Ricardo Rodriguez-Pilette su di una macchina della N.A.R.T.

A titolo iridato acquisito, i tecnici di Maranello concentrarono le energie sulla soluzione del motore posteriore-centrale al

ambitious Formula 1 program and reduced its sports car activity, while Maserati was returning to the scene with a revolutionary car, the famous Birdcage, raced, however, by the poorly-funded Camoradi Team. Porsche, for its part, was proceeding gradually with the development of its agile 1600 4-cylinders with rear-mounted engine, and Jaguar had some spasms of vitality but nothing more.

At Maranello, in the meantime, an alternative program to the 250 TR was being launched, based on the Dino 2000-cc 6-cylinder engine, partly with an eye to sales. But the 3-liter remained the focal point of activity, with four 250 TR 59's undergoing development. At the same time a variant was prepared with independent four-wheel suspensions, designated the 250 TRi 60, of which only two units were built. The appearance of the car remained practically unchanged, except for the tall windshield imposed by regulations, which aroused loud protests since it required drivers to look through this spatter-prone element.

The 1960 season opened with a Ferrari one-two at Buenos Aires, but then the racing results again went awry. The House deserted the 12 Hours of Sebring, where the organizers imposed a brand of fuel that would have prevented Ferrari from honoring its commitment to Shell. The clients' Testa Rossas were thus defeated by Porsche, which also won at the Targa Florio, while Maserati took the 1000 Km of Nürburgring. It then came down to the 24 Hours of Le Mans, last race of the Championship and decisive for its adjudication. Ferrari pulled out all the stops, calling in even the private cars of Luigi Chinetti's North American Racing Team. Despite numerous fueling problems, the Testa Rossa gained the upper hand, closing the contest in the front two positions with Gendebien-Frère and Ricardo Rodriguez-Pilette in a N.A.R.T. car.

Having won the world title, the technical staff at Maranello concentrated its energies on the rear-central engine layout, which Ferrari also had to adopt. The solution seemed premature for the Testa Rossa but not so for the Dino 246. Nonetheless the 250 TR 61 was profoundly revamped. The independent four-wheel suspensions and ladder frame were deemed valid, but this time the aerodynamics were reconsidered on the basis of a thorough study. The result was a car with an innovative, almost disconcerting appearance expressed by a high tail, long and voluminous, perfectly tied into the rear window, which terminated with a sharp cut-off surmounted by a spoiler. The front end also took on a new form, featuring an air intake divided into two openings as on today's 156 Fl single-seater.

While the championship the previous year had been an exciting seesaw battle, in 1961

consacrant totalement à la finition des berlinettes. La 250 TR 59 ainsi transformée perdait aussi du poids, passant de 800 à 750 kg.

Les résultats ne furent malheureusement pas à la hauteur des efforts considérables accomplis par Ferrari; la voiture parvint à s'imposer à Sebring uniquement, perdant ainsi le titre de Champion du Monde au profit d'Aston Martin pour se retrouver à une décevante troisième place au classement, précédée même par Porsche. Toutefois ce bilan ne donnait pas la mesure de la valeur intrinsèque de la Testa Rossa. Des pannes de transmission à répétition, l'hécatombe des moteurs provoquée par une fusion défectueuse, au Mans, tout cela avait pesé lourd, certes, mais d'autres composantes entraient en jeu. Le choix des pilotes, par example: manquant d'homogénéité, altéré par de fortes ambitions personnelles non contrôlées comme il se devait, sans compter le rôle décisif joué dans la victorie anglaise par un Stirling Moss au mieux de sa forme.

1960 apporta du nouveau. Aston Martin se consacrait à l'ambitieux programme de Formule Un, limitant son activité dans la Catégorie Sport; Maserati, par contre, revenait sur scène avec une voiture d'avant-garde, la fameuse Birdcage, mais elle fut confiée à la "Scuderia Camoradi" aux moyens limités. Porsche, à son tour, progressait dans l'évolution des agiles 4 cylindres 1600 à moteur arrière; Jaguar connaissait quelques sursauts de vitalité mais rien de plus.

A Maranello, pendant ce temps, on mettait sur pied un programme alternatif à la 250 TR sur la base du moteur Dino 6 cylindres de 2000 cc, en vue de sa commercialisation. Mais la trois litres restait au centre de l'activité en modifiant quatre unités de la 250 TR 59. En même temps on montait, en deux seuls exemplaires, une variante dénommée 250 TRi 60, à suspensions à quatre roues indépendantes. L'aspect de la voiture ne subissait pratiquement aucune modification, mis à part le haut pare-brise imposé par le règlement et qui, facilement salissable, déclencha un choeur de protestations de la part des pilotes.

1960 débuta par un doublé Ferrari à Buenos Aires puis, de nouveau, tout tourna mal. La Firme déserta les 12 Heures de Sebring car les organisateurs de la course avaient imposé une marque de carburant, ce qui n'aurait pas permis à Ferrari d'honorer son propre contrat passé avec Shell. Les Testa Rossa des clients furent ainsi battues par Porsche qui s'imposa également dans la Targa Florio, tandis que Maserati enlevait le 1000 Km du Nürburgring.

On arriva ainsi au 24 Heures du Mans, ultime épreuve du Championnat, décisive pour la victoire finale. Ferrari ramassa

Febbraio 1960, L'Avana. I fratelli Pedro (sulla 250 TR59) e Ricardo Rodriguez, assistiti dal padre.

February 1960, Havana. Brothers Pedro (in the 250 TR59) and Ricardo Rodriguez, assisted by their father.

Février 1960, La Havane. Les frères Pedro (sur 250 TR59) et Ricardo Rodriguez assistés par leur père.

quale anche la Ferrari doveva convertirsi. Per la Testa Rossa la soluzione parve prematura, ma non fu così per la Dino 246. Tuttavia la 250 TR 61 fu profondamente rinnovata. Ritenuta valida la sospensione a ruote indipendenti accoppiata ad un telaio reticolare, questa volta fu l'aerodinamica ad essere riconsiderata in base ad uno studio molto approfondito. Ne sortì una vettura d'aspetto innovativo, quasi sconcertante, espresso da una coda alta, lunga e voluminosa, perfettamente raccordata al parabrezza, che terminava con taglio netto sormontato da uno spoiler. Anche il frontale prendeva una nuova forma soprattutto per la presa d'aria divisa in due bocche come sulla contemporanea monoposto 156 F1.

Se le vicende dell'anno precedente avevano reso emozionante il campionato, nel 1961 la Ferrari dimostrò subito di non voler concedere spazi agli avversari soccombendo per cause fortuite alla Maserati soltanto al Nürburgring. La sua marcia trionfale era iniziata a Sebring con quattro Testa Rossa ai primi quattro posti e col solito corollario delle insuperabili berlinette 250 GT.

L'unica tre litri schierata alla Targa Florio fu messa fuori corsa da un'uscita di strada ma la giornata fu ugualmente positiva per il Cavallino rampante, grazie alla maneggevole Dino 246 a motore posteriore.

A Le Mans lo schieramento delle Testa Rossa fu di nuovo massiccio e Hill-Gendebien tornarono ad imporsi come nel 1958 anche se il successo sfuggì per un soffio agli entusiasmanti fratelli Rodriguez che difendevano i colori di Chinetti. Il posto d'onore andò comunque ad un'altra Testa Rossa davanti alle solite 250 GT.

Per dare il crisma dell'ufficialità al titolo già conquistato, c'era comunque bisogno di un'altra prova che a questo scopo fu messa in cantiere sul circuito di Pescara sulla distanza di 4 ore. Una magnifica corsa su di un pregevole percorso e ulteriore conferma della Testa Rossa di Bandini-Scarlatti gestita dalla Scuderia Centro-Sud di Mimmo Dei.

A questo punto il Campionato Mondiale Marche voltava pagina. Dal 1962 l'eredità passava alla Categoria Gran Turismo ma gli organizzatori delle manifestazioni, timorosi di veder dileguarsi gli spettatori, non bandirono le Sport, che concorrevano ad una speciale classifica, e ne ampliarono addirittura i confini istituendo una speciale categoria, quella dei Prototipi, con cilindrata massima di quattro litri.

In ogni caso la Ferrari non aveva da temere perché se da un lato aveva le spalle coperte dall'efficienza della Berlinetta, dall'altro le classiche Testa Rossa, ormai affidate ai privati, erano in ottima forma e poteva costruire una quattro litri sfruttando il suo incomparabile patrimonio tecnologico.

In pratica, il motore era quello della Superamerica con 12 cilindri a V di 4000 cc

Ferrari immediately showed it wished to grant no space to the adversaries, losing only to Maserati at Nürburgring due to fortuitous causes. Its triumphal march began at Sebring with four Testa Rossas in the first four positions and with the usual corollary of the unbeatable 250 GT sports sedans.

The only three-liter entered in the Targa Florio was knocked out of the race by a spin-out, but the day was positive for the prancing horse anyway, thanks to the manageable rear-engine Dino 246.

At Le Mans the Testa Rossa participation was again massive, and Hill-Gendebien triumphed anew as in 1958, nosing out the exciting Rodriguez brothers, who were defending Chinetti's colors. Third-place honors went to another Testa Rossa, in front of the usual 250 GT's.

To give the crowning touch of officiality to the title already won, another test was needed, a four-hour contest set up for this purpose on the Pescara circuit: a magnificent race over a fine course and a further victory for the Testa Rossa of Bandini-Scarlatti managed by Mimmo Dei's Centro-Sud Team.

At this point, the World Manufacturer's Championship turned over a new leaf. From 1962 it was inherited by the Grand Touring Category, but the race organizers, fearful of losing spectators, did not ban the Sports cars, which competed for a special ranking. They even broadened their horizons by instituting a special category, the Prototypes, with maximum displacement of four liters.

In either case, Ferrari had nothing to fear: on the one hand, it was covered by the efficient sports sedan; on the other, the classic Testa Rossas, now entrusted to private drivers, were in excellent form, and a four-liter could be built based on its incomparable technical heritage.

The engine was essentially that of the Superamerica, a 4-liter 12-cylinder modified according to Testa Rossa specifications to a totally reliable 390 HP. As an experiment, it was mounted on a sports sedan of the GTO series and then, in light of the gratifying results, on a barchetta with traditional layout but with new aerodynamics: the 330 TRi/LM, last of the Testa Rossa series.

The declared objective was Le Mans, the highlight of the racing calendar, which that year had an excellent array of cars at the starting line. It is therefore even more significant that Ferrari scored another prestigious victory with the four-liter driven by Hill-Gendebien. It is curious to note that Belgian Olivier Gendebien in his memories was so unflattering in his appraisal of the car that had permitted him to win his fourth personal victory in the most prestigious endurance race. But his lack of generosity

toutes ses forces, faisant appel aux voitures particulières du North American Racing Team de Luigi Chinetti. Malgré les angoisses dues à une série de pannes de carburant, la Testa Rossa imposa la loi du plus fort en s'adjugeant les deux premières places avec Gendebien-Frère et Ricardo Rodriguez-Pilette sur une voiture du North American Racing Team.

Une fois le titre conquis, les ingénieurs de Maranello concentrèrent leurs efforts sur la solution du moteur arrière-central auquel Ferrari devait se convertir. Pour la Testa Rossa, celle-ci apparut prématurée mais il n'en fut pas de même pour la Dino 246. Toutefois, la 250 TR 61 fut profondément modifiée. Jugeant encore valable la suspension à roues indépendantes sur châssis à treillis, c'est l'aérodynamique qui, cette fois, fut corrigée, sur la base d'une étude très approfondie. Cela donna une voiture à l'aspect innovateur, surprenant même, avec son arrière tronqué, haut, long et volumineux, parfaitement raccordé au pare-brise et surmonté d'un spoiler. Le museau aussi était rénové grâce à la prise d'air à deux ouïes, comme sur la monoplace 156 F1 de la même époque.

Si les vicissitudes de l'année précédente avaient rendu le Championnat passionnant, en 1961 Ferrari prouva, dès le départ, qu'il entendait ne laisser aucune chance à ses adversaires, ne cédant la place à Maserati qu'au Nürburgring et pour des causes fortuites. Sa marche triomphale avait débuté à Sebring avec quatre Testa Rossa occupant les quatre premières places, immédiatement suivies par les imbattables berlinettes 250 GT. L'unique trois litres présente au départ de la Targa Florio fut mise hors de course par une sortie de route mais la journée fut également payante pour le Cheval Rampant grâce à la maniable Dino 246 à moteur arrière. Le Mans connut de nouveau une participation massive des Testa Rossa et Hill-Gendebien s'imposèrent comme en 1958, même si la victoire échappa de peu aux enthousiasmants frères Rodriguez qui défendaient les couleurs de Chinetti. Quoiqu'il en soit, la place d'honneur revint à une autre Testa Rossa précédant les habituelles 250 GT.

Pour officialiser le titre déjà conquis, une épreuve était encore nécessaire. Elle fut organisée dans ce but sur le circuit de Pescara, sur une distance de quatre heures. Une course magnifique sur un parcours très valable, confirmant ultérieurement les qualités de la Testa Rossa de Bandini-Scarlatti appartenant à la "Scuderia Centro-Sud" de Mimmo Dei.

Dès lors, le Championnat du Monde des Marques tournait la page. L'héritage passait à la Catégorie GT en 1962. Mais les organisateurs des manifestations, craignant de voir les spectateurs s'éclipser,

che, modificato secondo le specifiche del Testa Rossa per una potenza di 390 CV, dava sicuro affidamento. A titolo sperimentale fu installato su di una berlinetta della serie GTO e poi, visti i lusinghieri risultati, su di una barchetta d'impostazione tradizionale ma con nuova aerodinamica: la 330 TRi/LM, ultimo esemplare della serie Testa Rossa. L'obiettivo dichiarato era Le Mans, la corsa regina del calendario, che in quell'anno vide alla partenza un eccellente lotto di macchine. Pertanto è significativo che sia stata la Ferrari a mettere a segno un'altra prestigiosa vittoria con la quattro litri affidata a Hill-Gendebien. È curioso notare come il belga Olivier Gendebien nel suo libro di memorie sia stato tanto ingeneroso nel giudicare la macchina che gli aveva consentito il quarto successo personale nella più prestigiosa prova di durata. Ma la sua ingenerosità si è rivelata un'arma a doppio taglio perché se le qualità del pilota non si discutono, l'uomo ne esce ridimensionato. Pertanto preferiamo propendere per una presa di posizione critica nell'infantile desiderio di valorizzare l'apporto personale. Un atteggiamento comune ad altri suoi colleghi, non ultimo lo stesso Phil Hill. Dopo Le Mans la 330 TRi/LM andò ad arricchire il parco macchine di Chinetti compiendo belle imprese al di là e di qua dell'Atlantico.

Quanto alle consorelle da tre litri poteva dirsi altrettanto. In particolare, la TR 61 ceduta alla Scuderia Serenissima del conte Volpi di Misurata sembrava godere di ottima salute. Con la coppia Lucien Bianchi-Bonnier si era assicurata un clamoroso successo a Sebring e proseguiva in un'attività molto positiva.

Purtroppo (ci si consenta un nostalgico avverbio), il progresso tecnico esigeva il sacrificio delle macchine a motore anteriore e finalmente la Testa Rossa cedeva il passo ad una nuova generazione di Ferrari.

proved to be a two-edged sword because, although his qualities as a driver were unquestioned, he lost stature as a man. We therefore prefer to think he took a critical position in the childish desire to enhance the value of his personal contribution, an attitude common to other colleagues of his, not the least of whom was Phil Hill himself. After Le Mans the 330 TRi/LM went to enrich Chinetti's auto fleet, scoring fine results on both sides of the Atlantic. The same could be said for its three-liter cousins. In particular, the TR 61 sold to Count Volpi di Misurata's Serenissima Team seemed to enjoy good health. With the pair Lucien Bianchi-Bonnier it captured a clamorous victory at Sebring and went on to a highly positive career.

Unfortunately (may we be permitted a nostalgic adverb), technical progress required the sacrifice of the front-engine cars, and the Testa Rossa finally gave way to a new generation of Ferraris.

n'éliminèrent pas les Sport qui concouraient à un classement spécial; il fut même élargi avec la création de la Catégorie des Prototypes avec une cylindrée maximale de 4 litres. En tous les cas Ferrari n'avait rien à craindre: rassuré, d'un côté, par l'efficacité de la berlinette, de l'autre, par les excellentes performances des Testa Rossa, confiées désormais à des particuliers, il pouvait se consacrer à la construction d'une 4 litres, en mettant à profit son immense patrimoine technologique.

Pratiquement, le moteur était celui de la Superamerica 12 cylindres en V de 4000 cc qui, modifié en fonction des exigences de la Testa Rossa, était parfaitement fiable avec 390 ch. A titre expérimental il fut monté sur une berlinette de la série GTO puis, vu les résultats flatteurs, sur une barquette traditionnelle mais à l'aérodynamique améliorée: la 330 TRi/LM, dernier exemplaire de la famille Testa Rossa. L'objectif visé était Le Mans, la reine des courses de la saison qui, cette année-là, comptait un excellent lot de voitures. Il est donc significatif que Ferrari ait, encore une fois, enlevé une victoire prestigieuse avec la 4 litres confiée à Hill-Gendebien. Notons au passage que, dans ses mémoires, le belge Olivier Gendebien n'a pas été très tendre envers la voiture qui lui avait permis de remporter sa quatrième victoire personnelle dans l'épreuve d'endurance la plus prestigieuse qui soit. Mais cette attitude s'est révélée une arme à double tranchant car si les qualités du pilote sont indiscutables, l'homme, lui, s'en trouva un peu diminué. Pour cette raison, nous préférons adopter une position critique envers ce désir infantile de privilégier l'apport personnel, commun à beaucoup de ses collègues, y compris Phil Hill. Après Le Mans, la 330 TRi/LM entra dans le parc automobile de Chinetti s'illustrant des deux côtés de l'Atlantique. On pouvait en dire autant de ses consoeurs de trois litres. La TR 61, en particulier, cédée à la "Scuderia Serenissima" du comte Volpi di Misurata, semblait jouir d'une excellente santé. Pilotée par le tandem Lucien Bianchi-Bonnier, elle avait remporté une éclatante victoire à Sebring et sa participation continuait à être plus que positive. Malheureusement (que cet adverbe nostalgique nous soit ici pardonné) le progrès technique exigeait le sacrifice des voitures à moteur avant et la Testa Rossa cédait finalement la place à une nouvelle génération de Ferrari.

1960, 250 TR59/60. Dalla posizione dei carburatori si intuisce il montaggio del motore in posizione disassata.

1960, 250 TR59/60. The position of the carburetors reveals that the engine is mounted in an offset position.

1960, 250 TR59/60. De la position des carburateurs on devine que le moteur est monté en position déphasée.

Il registro della Testa Rossa	The Testa Rossa register	Le registre de la Testa Rossa
telaio n. 0666 **data di produzione:** 1957 - maggio **carrozzeria:** Scaglietti Primo prototipo; debutta al Nürburgring Primo proprietario: Scuderia Ferrari Attuale proprietario: C. Betz (USA) Motore della 0724	**frame no.** 0666 **date of manufacture:** May 1957 **body:** Scaglietti First prototype; it debuted at Nürburgring First owner: Scuderia Ferrari Current owner: C. Betz (USA) Engine from 0724	**châssis n.** 0666 **date de production:** 1957 - mai **carrosserie:** Scaglietti Premier prototype; elle débute au Nürburgring Premier propriétaire: Scuderia Ferrari Propriétaire actuel: C. Betz (USA) Moteur de la 0724
telaio n. 0704 **data di produzione:** 1957 - giugno **carrozzeria:** Scaglietti Secondo prototipo; poi trasformato in TR 58 Primo proprietario: Scuderia Ferrari Attuale proprietario: Museo Ford, Dearborn (USA)	**frame no.** 0704 **date of manufacture:** June 1957 **body:** Scaglietti Second prototype; afterwards it was transformed in TR 58 First owner: Scuderia Ferrari Current owner: Ford Museum, Dearborn (USA)	**châssis n.** 0704 250 TR **date de production:** 1957 - juin **carrosserie:** Scaglietti Deuxième prototype; plus tard elle fut transformée en TR 58 Premier propriétaire: Scuderia Ferrari Propriétaire actuel: Musée Ford, Dearborn (USA)
telaio n. 0710 **data di produzione:** 1957 - novembre **carrozzeria:** Scaglietti Primo TR versione "cliente" Primo proprietario: J. Von Neumann (USA) Attuale proprietario: V. Millett (USA)	**frame no.** 0710 **date of manufacture:** November 1957 **body:** Scaglietti First "commercial" version TR First owner: J. Von Neumann (USA) Current owner: V. Millett (USA)	**châssis n.** 0710 250 TR **date de production:** 1957 - novembre **carrosserie:** Scaglietti Première TR version "client" Premier propriétaire: J. Von Neumann (USA) Propriétaire actuel: V. Millett (USA)
telaio n. 0714 **data di produzione:** 1957 - dicembre **carrozzeria:** Scaglietti Versione "standard" Primo proprietario: Drogo (YU) Attuale proprietario: Hayashi (J)	**frame no.** 0714 **date of manufacture:** December 1957 **body:** Scaglietti "Standard" version First owner: Drogo (YU) Current owner: Hayashi (J)	**châssis n.** 0714 250 TR **date de production:** 1957 - décembre **carrosserie:** Scaglietti Version "standard" Premier propriétaire: Drogo (YU) Propriétaire actuel: Hayashi (J)
telaio n. 0716 **data di produzione:** 1957 - dicembre **carrozzeria:** Scaglietti Versione "standard" ("ufficiale" per una gara) Primo proprietario: Scuderia Ferrari Attuale proprietario: G. Dubbini (I)	**frame no.** 0716 **date of manufacture:** December 1957 **body:** Scaglietti "Standard" version ("official" just for one race) First owner: Scuderia Ferrari Current owner: G. Dubbini (I)	**châssis n.** 0716 250 TR **date de production:** 1957 - décembre **carrosserie:** Scaglietti Version "standard" ("officielle" pour une course) Premier propriétaire: Scuderia Ferrari Propriétaire actuel: G. Dubbini (I)
telaio n. 0718 **data di produzione:** 1957 **carrozzeria:** Scaglietti Versione "standard" Primo proprietario: Ecurie Belge Attuale proprietario: B. Chizar (USA) Motore della 0750	**frame no.** 0718 **date of manufacture:** November 1957 **body:** Scaglietti "Standard" version First owner: Ecurie Belge Current owner: B. Chizar (USA) Engine from 0750	**châssis n.** 0718 250 TR **date de production:** 1957 **carrosserie:** Scaglietti Version "standard" Premier propriétaire: Ecurie Belge Propriétaire actuel: B. Chizar (USA) Moteur de la 0750

telaio n. 0720 **data di produzione:** 1958 - gennaio **carrozzeria:** Scaglietti	**frame no.** 0720 **date of manufacture:** January 1958 **body:** Scaglietti	**châssis n.** 0720 **date de production:** 1958 - janvier **carrosserie:** Scaglietti	**250 TR**
Versione "standard" - distrutta Primo proprietario: J. Johnston (USA)	"Standard" version - destroyed First owner: J. Johnston (USA)	Version "standard" - détruite Premier propriétaire: J. Johnston (USA)	
telaio n. 0722 **data di produzione:** 1958 - febbraio **carrozzeria:** Scaglietti	**frame no.** 0722 **date of manufacture:** February 1958 **body:** Scaglietti	**châssis n.** 0722 **date de production:** 1958 - février **carrosserie:** Scaglietti	**250 TR**
Versione "standard" Primo proprietario: A. Gomez-Mena (Cuba) Attuale proprietario: J. Rogers (USA) Motore della 0758	"Standard" version First owner: A. Gomez-Mena (Cuba) Current owner: J. Rogers (USA) Engine from 0758	Version "standard" Premier propriétaire: A. Gomez-Mena (Cuba) Propriétaire actuel: J. Rogers (USA) Moteur de la 0758	
telaio n. 0724 **data di produzione:** 1958 **carrozzeria:** Scaglietti	**frame no.** 0724 **date of manufacture:** 1958 **body:** Scaglietti	**châssis n.** 0724 **date de production:** 1958 **carrosserie:** Scaglietti	**250 TR**
Versione "standard" Primo proprietario: Scuderia Finlandia Attuale proprietario: W. Murphey (USA)	"Standard" version First owner: Scuderia Finlandia Current owner: W. Murphey (USA)	Version "standard" Premier propriétaire: Scuderia Finlandia Propriétaire actuel: W. Murphey (USA)	
telaio n. 0726 **data di produzione:** 1958 - marzo **carrozzeria:** Scaglietti	**frame no.** 0726 **date of manufacture:** March 1958 **body:** Scaglietti	**châssis n.** 0726 **date de production:** 1958 - mars **carrosserie:** Scaglietti	**TR 58**
Versione "ufficiale; modificato poi in TR 59 prototipo Primo proprietario: Scuderia Ferrari Attualmente in Brasile	"Official" version; afterwards it was transformed in TR 59 prototype First owner: Scuderia Ferrari Currently in Brazil	Version "officielle"; plus tard elle fut transformée en TR 59 prototype Premier propriétaire: Scuderia Ferrari Actuellement au Brésil	
telaio n. 0728 **data di produzione:** 1958 **carrozzeria:** Scaglietti	**frame no.** 0728 **date of manufacture:** 1958 **body:** Scaglietti	**châssis n.** 0728 **date de production:** 1958 **carrosserie:** Scaglietti	**TR 58**
Versione "ufficiale" Primo proprietario: Scuderia Ferrari Attuale proprietario: P. Bardinon (F) Telaio originale	"Official" version First owner: Scuderia Ferrari Current owner: P. Bardinon (F) Original frame	Version "officielle" Premier propriétaire: Scuderia Ferrari Propriétaire actuel: P. Bardinon (F) Châssis originel	
telaio n. 0730 **data di produzione:** 1958 - marzo **carrozzeria:** Scaglietti	**frame no.** 0730 **date of manufacture:** March 1958 **body:** Scaglietti	**châssis n.** 0730 **date de production:** 1958 - mars **carrosserie:** Scaglietti	**250 TR**
Versione "standard" Primo proprietario: E.D. Martin (USA) Motore 250 GT Attualmente in Italia	"Standard" version First owner: E.D. Martin (USA) Engine from 250 GT Currently in Italy	Version "standard" Premier propriétaire: E.D. Martin (USA) Moteur de la 250 GT Actuellement en Italie	
telaio n. 0732 **data di produzione:** 1958 - marzo **carrozzeria:** Scaglietti	**frame no.** 0732 **date of manufacture:** March 1958 **body:** Scaglietti	**châssis n.** 0732 **date de production:** 1958 - mars **carrosserie:** Scaglietti	**250 TR**
Versione "standard" Primo proprietario: J.E. Hughus (USA) Attuale proprietario: R. Bodin (USA)	"Standard" version First owner: J.E. Hughus (USA) Current owner: R. Bodin (USA)	Version "standard" Premier propriétaire: J.E. Hughus (USA) Propriétaire actuel: R. Bodin (USA)	
telaio n. 0734 **data di produzione:** 1958 **carrozzeria:** Scaglietti	**frame no.** 0734 **date of manufacture:** 1958 **body:** Scaglietti	**châssis n.** 0734 **date de production:** 1958 **carrosserie:** Scaglietti	**250 TR**
Versione "standard" Primo proprietario: F. Gibbs (USA) Attuale proprietario: P. Pappalardo (USA)	"Standard" version First owner: F. Gibbs (USA) Current owner: P. Pappalardo (USA)	Version "standard" Premier propriétaire: F. Gibbs (USA) Propriétaire actuel: P. Pappalardo (USA)	

telaio n. 0736 **data di produzione:** 1958 - marzo **carrozzeria:** Scaglietti	**frame no.** 0736 **date of manufacture:** March 1958 **body:** Scaglietti	**châssis n.** 0736 **date de production:** 1958 - mars **carrosserie:** Scaglietti	**250 TR**

Versione "standard"
Primo proprietario: Ecurie Belge
Motore 250 GT
Attuale proprietario: E. e J. Harrison (GB)

"Standard" version
First owner: Ecurie Belge
Engine from 250 GT
Current owner: E. & J. Harrison (GB)

Version "standard"
Premier propriétaire: Ecurie Belge
Moteur de la 250 GT
Propriétaire actuel: E. et J. Harrison (GB)

---

telaio n. 0738   **frame no.** 0738   **châssis n.** 0738   **250 TR**
data di produzione: 1958
carrozzeria: Scaglietti

date of manufacture: 1958
body: Scaglietti

date de production: 1958
carrosserie: Scaglietti

Versione "standard"; poi ricarrozzata GTO
Attualmente in Brasile

"Standard" version; afterwards it was re-bodied as GTO
Currently in Brazil

Version "standard"; plus tard elle fut recarrossée en GTO
Actuellement au Brésil

---

telaio n. 0742   **frame no.** 0742   **châssis n.** 0742   **250 TR**
data di produzione: 1958 - maggio
carrozzeria: Scaglietti

date of manufacture: May 1958
body: Scaglietti

date de production: 1958 - mai
carrosserie: Scaglietti

Versione "standard"
Primo proprietario: P. Monteverdi (CH)
Attuale proprietario: R. Baker (USA)

"Standard" version
First owner: P. Monteverdi (CH)
Current owner: R. Baker (USA)

Version "standard"
Premier propriétaire: P. Monteverdi (CH)
Propriétaire actuel: R. Baker (USA)

---

telaio n. 0746   **frame no.** 0746   **châssis n.** 0746   **250 TR**
data di produzione: 1958
carrozzeria: Scaglietti

date of manufacture: 1958
body: Scaglietti

date de production: 1958
carrosserie: Scaglietti

Modello sperimentale "ufficiale" (3 litri V6 Dino) poi trasformato in TR 60
Attuale proprietario: P. Bardinon (F)

"Official" experimental model (3-liter V6 engine Dino) later transformed in TR 60
Current owner: P. Bardinon (F)

Modèle expérimental "officiel" (3 litres V6 Dino) transformé en TR 60
Propriétaire actuel: P. Bardinon (F)

---

telaio n. 0748   **frame no.** 0748   **châssis n.** 0748   **250 TR**
data di produzione: 1958 - maggio
carrozzeria: Scaglietti

date of manufacture: May 1958
body: Scaglietti

date de production: 1958 - mai
carrosserie: Scaglietti

Versione "standard"
Primo proprietario: G. Kochert (A)
Attuale proprietario: B. Fergus (USA)

"Standard" version
First owner: G. Kochert (A)
Current owner: B. Fergus (USA)

Version "standard"
Premier propriétaire: G. Kochert (A)
Propriétaire actuel: B. Fergus (USA)

---

telaio n. 0750   **frame no.** 0750   **châssis n.** 0750   **250 TR**
data di produzione: 1958
carrozzeria: Scaglietti

date of manufacture: 1958
body: Scaglietti

date de production: 1958
carrosserie: Scaglietti

Versione "standard" - distrutta

"Standard" version - destroyed

Version "standard" - détruite

---

telaio n. 0752   **frame no.** 0752   **châssis n.** 0752   **250 TR**
data di produzione: 1958
carrozzeria: Scaglietti

date of manufacture: 1958
body: Scaglietti

date de production: 1958
carrosserie: Scaglietti

Versione "standard", modificata
Primo proprietario: C. Hughes (USA)
Attuale proprietario: A. Bamford (GB)

"Standard" version, modified
First owner: C. Hughes (USA)
Current owner: A. Bamford (GB)

Version "standard", modifiée
Premier propriétaire: C. Hughes (USA)
Propriétaire actuel: A. Bamford (GB)

---

telaio n. 0754   **frame no.** 0754   **châssis n.** 0754   **250 TR**
data di produzione: 1958 - giugno
carrozzeria: Scaglietti

date of manufacture: June 1958
body: Scaglietti

date de production: 1958 - juin
carrosserie: Scaglietti

Versione "standard"
Primo proprietario: J.J. Juhan (GCA)
Attuale proprietario: D. Love (USA)

"Standard" version
First owner: J.J. Juhan (GCA)
Current owner: D. Love (USA)

Version "standard"
Premier propriétaire: J.J. Juhan (GCA)
Propriétaire actuel: D. Love (USA)

telaio n. 0756 **data di produzione:** 1958 - giugno **carrozzeria:** Scaglietti	**frame no.** 0756 **date of manufacture:** June 1958 **body:** Scaglietti	**châssis n.** 0756 **date de production:** 1958 - juin **carrosserie:** Scaglietti	**250 TR**
Versione "standard" Primo proprietario: D. Morgensen (USA) Attuale proprietario: L. Sellyei (USA)	"Standard" version First owner: D. Morgensen (USA) Current owner: L. Sellyei (USA)	Version "standard" Premier propriétaire: D. Morgensen (USA) Propriétaire actuel: L. Sellyei (USA)	
telaio n. 0758 **data di produzione:** 1958 - luglio **carrozzeria:** Scaglietti	**frame no.** 0758 **date of manufacture:** July 1958 **body:** Scaglietti	**châssis n.** 0758 **date de production:** 1958 - juillet **carrosserie:** Scaglietti	**250 TR**
Versione "standard" - smantellata	"Standard" version - disassembled	Version "standard" - démantelée	
telaio n. 0766 **data di produzione:** 1959 **carrozzeria:** Fantuzzi	**frame no.** 0766 **date of manufacture:** 1959 **body:** Fantuzzi	**châssis n.** 0766 **date de production:** 1959 **carrosserie:** Fantuzzi	**TR 59**
Versione "ufficiale" Primo proprietario: Scuderia Ferrari Attuale proprietario: A. Obrist (CH)	"Official" version First owner: Scuderia Ferrari Current owner: A. Obrist (CH)	Version "officielle" Premier propriétaire: Scuderia Ferrari Propriétaire actuel: A. Obrist (CH)	
telaio n. 0768 **data di produzione:** 1959 **carrozzeria:** Fantuzzi	**frame no.** 0768 **date of manufacture:** 1959 **body:** Fantuzzi	**châssis n.** 0768 **date de production:** 1959 **carrosserie:** Fantuzzi	**TR 59**
Versione "ufficiale" Primo proprietario: Scuderia Ferrari Attuale proprietario: P. Lovely (USA)	"Official" version First owner: Scuderia Ferrari Current owner: P. Lovely (USA)	Version "officielle" Premier propriétaire: Scuderia Ferrari Propriétaire actuel: P. Lovely (USA)	
telaio n. 0770 **data di produzione:** 1959 **carrozzeria:** Fantuzzi	**frame no.** 0770 **date of manufacture:** 1959 **body:** Fantuzzi	**châssis n.** 0770 **date de production:** 1959 **carrosserie:** Fantuzzi	**TR 59/60**
Versione "ufficiale" - poi trasformata in TR 60 Primo proprietario: Scuderia Ferrari Attuale proprietario: J. Allington (GB)	"Official" version - later it was transformed in TR 60 First owner: Scuderia Ferrari Current owner: J. Allington (GB)	Version "officielle" - plus tard transformée en TR 60 Premier propriétaire: Scuderia Ferrari Propriétaire actuel: J. Allington (USA)	
telaio n. 0772 **data di produzione:** 1959 - aprile **carrozzeria:** Fantuzzi	**frame no.** 0772 **date of manufacture:** April 1959 **body:** Fantuzzi	**châssis n.** 0772 **date de production:** 1959 - avril **carrosserie:** Fantuzzi	**TR 59/60**
Versione "ufficiale" - poi trasformata in TR 60 - distrutta alla Targa Florio 1960	"Official" version - later it was transformed in TR 60 - destroyed at the 1960 Targa Florio	Version "officielle" - plus tard transformée en TR 60 - détruite à la Targa Florio 1960	
telaio n. 0774 **data di produzione:** 1959 - aprile **carrozzeria:** Fantuzzi	**frame no.** 0774 **date of manufacture:** April 1959 **body:** Fantuzzi	**châssis n.** 0774 **date de production:** 1959 - avril **carrosserie:** Fantuzzi	**TR 59/60**
Versione "ufficiale" - identica alla 0772 - poi trasformata in TR 60 Primo proprietario: Scuderia Ferrari Attuale proprietario: P. Pappalardo (USA)	"Official" version - identical to 0772 - later it was transformed in TR 60 First owner: Scuderia Ferrari Current owner: P. Pappalardo (USA)	Version "officielle" - identique à la 0772 - plus tard transformée en TR 60 Premier propriétaire: Scuderia Ferrari Propriétaire actuel: P. Pappalardo (USA)	
telaio n. 0780 **data di produzione:** 1960 - marzo **carrozzeria:** Fantuzzi	**frame no.** 0780 **date of manufacture:** March 1960 **body:** Fantuzzi	**châssis n.** 0780 **date de production:** 1960 - mars **carrosserie:** Fantuzzi	**TRI 60**
Versione "ufficiale" - poi trasformata in TR 61 - il telaio venne usato in seguito per la 0808 LM	"Official" version - later transformed in TR 61 - its frame was later used for the 0808 LM	Version "officielle" - transformée en TR 61 - plus tard le châssis fut utilisé pour la 0808 LM	

telaio n. 0782 **data di produzione:** 1960 - marzo **carrozzeria:** Fantuzzi Versione "ufficiale" Probabilmente in Australia	**frame no.** 0782 **date of manufacture:** March 1960 **body:** Fantuzzi "Official" version Probably in Australia	**châssis n.** 0782 **date de production:** 1960 - mars **carrosserie:** Fantuzzi Version "officielle" Probablement en Australie	**TRI 60**
telaio n. 0792 **data di produzione:** 1961 - gennaio **carrozzeria:** Fantuzzi Versione "ufficiale" Primo proprietario: Scuderia Ferrari Attuale proprietario: R. Lauren (USA)	**frame no.** 0792 **date of manufacture:** January 1961 **body:** Fantuzzi "Official" version First owner: Scuderia Ferrari Current owner: R. Lauren (USA)	**châssis n.** 0792 **date de production:** 1961 - janvier **carrosserie:** Fantuzzi Version "officielle" Premier propriétaire: Scuderia Ferrari Propriétaire actuel: R. Lauren (USA)	**TR 61**
telaio n. 0794 **data di produzione:** 1961 - gennaio **carrozzeria:** Fantuzzi Versione "ufficiale" Primo proprietario: Scuderia Ferrari Attuale proprietario: P.G. Sachs (USA)	**frame no.** 0794 **date of manufacture:** January 1961 **body:** Fantuzzi "Official" version First owner: Scuderia Ferrari Current owner: P.G. Sachs (USA)	**châssis n.** 0794 **date de production:** 1961 - janvier **carrosserie:** Fantuzzi Version "officielle" Premier propriétaire: Scuderia Ferrari Propriétaire actuel: P.G. Sachs (USA)	**TR 61**
telaio n. 0808 **data di produzione:** 1962 **carrozzeria:** Fantuzzi Versione "ufficiale" Primo proprietario: Scuderia Ferrari Attuale proprietario: P. Bardinon (F)	**frame no.** 0808 **date of manufacture:** 1962 **body:** Fantuzzi "Official" version First owner: Scuderia Ferrari Current owner: P. Bardinon (F)	**châssis n.** 0808 **date de production:** 1962 **carrosserie:** Fantuzzi Version "officielle" Premier propriétaire: Scuderia Ferrari Propriétaire actuel: P. Bardinon (F)	**330 TRI/LM**

Ringraziamento/Acknowledgement/Remerciement

Si ringrazia la Ferrari per aver concesso la riproduzione di alcuni disegni dal manuale di uso e manutenzione della Ferrari Testarossa.

The publisher would like to thank Ferrari for permission to reproduce a few drawings from the Ferrari Testarossa's use and maintenance manual.

L'éditeur remercie la société Ferrari pour le permis de réproduire certains dessins du manuel d'emploi et d'entretien de la Ferrari Testarossa.

uso e manutenzione
notice d'entretien
owner's manual

Ferrari testarossa